Eins sein mit Mutter Erde

Jutta Keller

Eins sein mit Mutter Erde

Mythen, Meditationen, Erdrituale
Heilen mit Erde

Mosaik

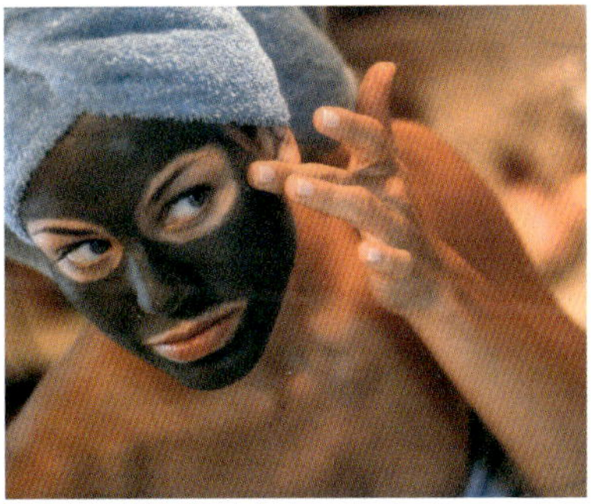

Ein persönliches Bekenntnis – Liebeserklärung an Mutter Erde

„Ich bin das Land, meine Augen sind der Himmel, meine Glieder die Bäume. Ich bin der Fels, die Wassertiefe. Ich bin nicht hier, um die Natur zu beherrschen oder sie auszubeuten. Ich bin selbst Natur."
Gebet der Hopi-Indianer

Ein Buch über die Erde zu schreiben, ist eine große Herausforderung, faszinierend und verantwortungsvoll zugleich. Ich habe mich lange und intensiv mit der Erde in ihren vielen Aspekten beschäftigt. Zuweilen hatte ich fast das Gefühl, mein Kopf nähme die gewaltigen Ausmaße des Erdballs an. Gelegentlich schienen die Gedanken und Assoziationen heftig miteinander zu ringen. Sie stießen aneinander oder überlagerten sich wie die Kontinentalplatten der Erdkruste, die – für die menschlichen Sinne nicht wahrnehmbar – ganz langsam über das Magma des Erdmantels gleiten.

Ebenso wie die dynamischen Prozesse im Inneren der Erde nie zur Ruhe kommen, erging es auch mir. Wenn ich das Gefühl verspürte, ich stünde kurz vor einem „geistigen Vulkanausbruch", wurde es höchste Zeit, die graue Theorie abzustreifen und mich wieder zu erden. Am besten kann ich das beim Laufen an der frischen Luft im Englischen Garten in meiner Heimatstadt München. Wenn ich meine Füße im gleichmäßigen Rhythmus auf den Erdboden setze, nehme

Diese Landschaft mit ihren herbstlich aufleuchtenden Erdfarben lädt dazu ein, sich eins zu fühlen mit Mutter Erde.

ich immer wieder seine harmonisierende Schwingung auf, spüre meinen Körper, fühle, wie mein Kopf leicht wird, sich die Gedanken wie von selbst ordnen, mich die Erde sanft trägt und mir Halt, Kraft und neue Energie gibt (siehe auch Seite 117 f.).

Beim Nachdenken halfen mir dann die ruhig dahinfließende Isar oder der ungezähmte Eisbach im Englischen Garten. Sie „sprachen" leise, ich hörte ihnen zu, und sie zeigten mir, wie sie geschickt um Steine und Äste herumfließen, sich nicht an ihnen stoßen, diese sein lassen, wie sie sind, und trotzdem ihren Weg finden. Die Natur hat ihre eigene Sprache, und ihre Gesetze sind überall gleich.

Der Großteil meiner Familie lebt auf dem Land, fast jeder besitzt seinen Garten oder kleinen Acker. Einige ernähren sich das ganze Jahr über von dem Gemüse, das sie anpflanzen. Es herrscht eine rege Austauschwirtschaft unter den Brüdern meines Vaters: Der eine gibt dem anderen Kartoffeln und Obst für Karotten oder Feldsalat; der dritte tauscht Spargel und Erdbeeren gegen Bohnen oder Tomaten ein. Moderne Selbstversorgung im Familienclan! Jeder fühlt sich ganz selbstverständlich mit der Erde verwurzelt, mit den Kreisläufen der Natur vertraut und mit seinen Lebensrhythmen in diese eingebettet. Sie säen, pflegen, ernten, und sie sprechen von ihren Pflanzen,

Die Verbundenheit mit der Erde läßt sich auf dem Land intensiver erfahren als in der Stadt.

Setzlingen und Blumen wie von eigenen Kindern, um die sie sich ebenso liebevoll kümmern. Die Verbundenheit mit der Erde scheint in den Genen jedes einzelnen verankert zu sein.

Aufgewachsen in einem kleinen Dorf in der fruchtbaren Rheinischen Tiefebene, habe ich schon als Schülerin bei ortsansässigen Bauern gegen ein Taschengeld mitgeholfen: im Frühling Spargel gestochen, im Hochsommer Pfälzer Tabak gebrochen, die Blätter aufgefädelt und dann zum Trocknen aufgehängt und im Herbst Weintrauben an der Deutschen Weinstraße gelesen. Mit 20 Jahren arbeitete ich als Volontärin in einem israelischen Kibbuz mit den Einheimischen zusammen. Meine Vorliebe für Avocados, Grapefruits und Mandarinen, die ich eigenhändig pflückte und verpackte, ist bis heute geblieben. Diese Erfahrung sowie meine Reisen in asiatische Länder, mein Kontakt mit östlichen Kulturen, die in ihren Traditionen und Religionen noch tief verwurzelt mit ihrem Boden leben, zeigten mir, wie wunderbar, vielfältig und großartig unsere Erde ist.

Gerade als „Stadtpflanze", die ich inzwischen bin, brauche ich Berge, Wälder, Seen und Meere für mein Wohlbefinden wie die Luft zum Atmen. Was ich in meiner Kindheit und Jugend hautnah erleben durfte, hat sich in meine innere Natur wie ein Stempel der lebenden Erde eingraviert. In ihr liegen meine Wurzeln, mein Ursprung. In ihr werde ich ruhig, gelassen, empfinde eine große Dankbarkeit und tiefe Verbundenheit mit dem Numinosen, den wunderbaren Geheimnissen, die sich in der Natur offenbaren. Dieses unbegreiflich Göttliche kleidet ein indisches Sprichwort in ein wunderschönes Bild: „Gott schläft im Stein, träumt in der Blume, atmet im Tier und erwacht im Menschen."

Einst war uns die Erde heilig! Das will uns dieses Buch wieder ins Bewußtsein rufen und verschüttetes Wissen über unsere gute alte Mutter Erde ans Licht holen. Es will Schöpfungsberichte und Weltbilder erdverbundener Naturvölker, Mythen über Erdgöttinnen, Erdmysterien und Erdgebräuche mit aktuellem und praktischem Wissen vernetzen. Auf daß uns die Erde wieder heilig werde und wir sie als ein lebendiges, göttliches Wesen lieben lernen.

„Die Erde gehört nicht den Menschen, der Mensch gehört der Erde."
Indianerhäuptling Seattle

Annäherung an den blauen Planeten

„Ich sage euch in Wahrheit, der Mensch ist der Sohn der Erdenmutter, und von ihr erhielt der Menschensohn seinen Körper, so wie auch der Körper des neugeborenen Kindes aus dem Schoße seiner Mutter geboren wird. Wahrlich, ich sage euch, ihr seid eins mit der Erdenmutter; sie ist in euch und ihr seid in ihr. Aus ihr seid ihr geboren, in ihr lebt ihr, und zu ihr werdet ihr zurückkehren. Haltet darum ihre Gesetze, denn keiner kann lange leben, noch glücklich sein, außer dem, der seine Erdenmutter ehrt und ihre Gesetze achtet. Denn euer Atem ist ihr Atem, euer Blut ist ihr Blut, eure Knochen ihre Knochen, euer Fleisch ihr Fleisch, eure Eingeweide ihre Eingeweide, eure Augen und Ohren sind ihre Augen und Ohren. ...

Ich sage euch wahrlich, ihre Liebe ist sehr groß, größer als die höchsten Berge, tiefer als die tiefsten Meere. Und jene, die ihre Mutter lieben, wird sie nie verlassen. So wie die Henne ihre Küken schützt, wie die Löwin ihre Jungen, wie die Mutter ihr Neugeborenes, so schützt die Erdenmutter den Menschensohn vor aller Gefahr und allem Übel."

Aus dem Friedensevangelium der Essener, Buch 1

Die Erde – blaue Perle im Universum, Planet und Heimat allen Lebens. Im Frühling spüren wir ihre Kräfte in unseren Breitengraden am deutlichsten. Die Natur erwacht zu neuem Leben und beginnt zu wirken. Wurzelkräfte schieben zarte Pflänzchen an die Oberfläche, Erde und Luft riechen würziger. Die Lust zu leben, zu lieben und sich fortzupflanzen wächst bei Mensch, Tier und Pflanze. Alles drängt ans

Licht, an die Sonne. Der Reigen der vier Jahreszeiten beginnt, der Zyklus des Lebens nimmt seinen Lauf aufs neue. Das wundervolle Zusammenspiel von Sonne, Licht, Wärme, Erde, Nährstoffen und Wasser erweckt Leben, das im Mutterboden schlummert, läßt Samen keimen, neue Früchte wachsen, reifen und wieder vergehen. Ein immerwährender Kreislauf im evolutionären Prozeß der lebendigen Erde, in dem alles mit allem in Verbindung steht.

Für den Menschen stellen die Erdgewalten – Vulkanausbrüche, Überschwemmungen, Erdbeben oder Wirbelstürme – Bedrohungen dar, denen er trotz aller technischen Apparaturen hilflos ausgeliefert ist. So fruchtbringend Mutter Erde sein kann, so zerstörend können ihre elementaren Kräfte in den Augen des Menschen wirken. Die Erde selbst kennt aber weder Gut noch Böse. Ihr Gesetz ist es, sich zu wandeln und am Leben zu erhalten, wie sie es seit 4,6 Milliarden Jahren tut.

„Im Wechsel der Jahreszeiten offenbart sich Wahrheit."
Buddhistisches Sprichwort

Die Erde besteht nicht nur aus Materie, sie ist auch ein geistiges Wesen. Wissenschaftler erforschen ihre ober- und unterirdischen Geheimnisse, Geomanten erspüren die subtilen, feinstofflichen Energien von Kraftplätzen in der Natur. Geologen und Geographen – die griechische Vorsilbe *geos* bedeutet „Erde" oder „Land" –, Archäologen und Paläontologen, Biologen und Klimatologen, jeder von ihnen untersucht einen winzigen Teil aus seinem speziellen Blickwinkel.

Alle Resultate dieser unterschiedlichen Forschungsrichtungen zeigen, daß wir es mit einem sehr komplexen, äußerst sensiblen ökologischen System zu tun haben, in dem es unendlich viele Regelkreisläufe und Wechselbeziehungen gibt und in dem eins vom andern abhängt. Das Ökosystem Erde stellt eine untrennbare Einheit zwischen den Lebewesen untereinander und ihrem Lebensraum, ihrer Um- bzw. Mitwelt, dar. Dieses faszinierende System besitzt die Fähigkeit, sich selbst zu regulieren und im Gleichgewicht zu halten, sofern der Mensch es nicht durch massive Eingriffe daran hindert. Denn abgesehen von Asteroiden- oder Meteoriten-Einschlägen auf der Erde, ist nur er allein dazu fähig.

Die Erde beschenkt uns in jeder Sekunde unseres Lebens reichlich mit Gaben, die für uns selbstverständlich sind: Sie schenkt uns ihren Platz im All, das Blau ihres Himmels und ihrer Meere, den Sauerstoff ihrer Wälder, ihre fruchtbaren Böden, die wertvollen Mineralien, kostbaren Energiequellen und lebenserhaltenden Früchte.

Unsere sinnlichen Erfahrungen mit der Erde

Im Frühling, wenn die Natur zu neuem Leben erwacht und alles ans Licht drängt, spüren wir die Kräfte der Erde wohl am deutlichsten.

Jeder von uns hatte schon als kleines Kind praktische Tuchfühlung mit der Erde. Jeder menschliche Zweibeiner hat in seiner Entwicklungsgeschichte ganz persönliche sinnliche Erfahrungen mit ihr gemacht – und diese dann meist wieder vergessen. Holen wir sie aus unserem Unterbewußtsein hervor. Erinnern wir uns an die eigene Kindheit. Schlüpfen wir für ein paar Momente in die Gestalt des neugierigen und staunenden Kindes, das wir alle einmal waren. Vergegenwärtigen wir uns vor unserem inneren Auge, wie wir als kleines Mädchen oder als kleiner Junge mit dem Element Erde zu tun hatten, ja mit seinen Kräften gerungen haben. Das erste Mal, als wir laufen lernten, uns unermüdlich immer wieder vom Boden hochrappelten – der Macht der Erdanziehung trotzend – und den kleinen Körper aufzurichten versuchten. Die wackeligen, noch ungelenken Beinchen leisteten dabei Großartiges, angetrieben durch eine unstillbare Neugier und einen unbändigen Lebenswillen, der in den Genen und im innersten Kern eines jeden Wesens von Geburt an verankert ist. Nach unzähligen Versuchen hatten wir es dann geschafft: Wir fielen nicht mehr zu Boden, konnten die Balance halten, liefen auf den kleinen Füßchen und entdeckten die Welt aus einer neuen Perspektive. Damit haben wir bereits im zarten Alter von ein, zwei Jahren die erste Hürde in unserem Leben überwunden und uns über die Schwerkraft der Erde, die Gravitation, erhoben. Unsere Füße

„Welches Wesen geht am Morgen auf vier, am Mittag auf zwei und am Abend auf drei Füßen?"
Rätsel der Sphinx
(Auflösung siehe Seite 126)

haben uns geerdet und uns ein neues Gefühl von Standfestigkeit und Bodenständigkeit vermittelt. Wir haben uns mit der Erde angefreundet.

Doch damit nicht genug. Wir haben Erde geliebt und mit ihr gespielt. Wir haben sie durch unsere Händchen gleiten lassen und unsere nackten Füßchen darin eingebuddelt. Wir haben Sand im Sandkasten hochgeworfen und geweint, wenn die feinen Körnchen in unsere Augen rieselten und wir nichts mehr sehen konnten. Wir haben „Kuchen" damit gebacken und Löcher gegraben, in denen wir unsere Spielsachen versteckten. Wir haben es genossen, nach einem Regenschauer durch schlammige Pfützen zu stiefeln und dabei möglichst viel direkten Kontakt mit dem erdig-nassen Element zu erleben – je mehr, desto lieber. Wir haben mit Sand experimentiert, ihn am Strand zusammen mit Wasser vermischt und mit dem Schlamm ganze Burganlagen gebaut, die wir stolz unseren Eltern zeigten.

Erste Kontakte mit der Erde haben wir bereits in frühester Kindheit beim Spielen mit Sand erlebt.

Wir haben im Kindergarten Figuren aus Lehm geformt, später im Werkunterricht getöpfert und Vasen modelliert, Samen von Blumen oder Früchten in der Erde vergraben, sie jeden Tag gegossen und Pflänzchen sprießen sehen. Wir haben mit Erdfarben bunte Bilder gemalt. Ja, wir waren richtige Erd-Arbeiter und Erd-Kenner, wahre Erd-Künstler und Erd-Liebhaber. Eigentlich sind wir es auch heute noch. Wir müssen es nur wieder neu entdecken.

Die Natur ist beseelt von unsichtbaren Naturgeistern im Wald, im Wasser und in der Luft. Kinder können diese Naturkräfte noch wahrnehmen. Geschickt verstecken sie sich beim Blinde-Kuh-Spielen, weil ihnen Zwerge, Kobolde und Feen, die Erdgeister, geheime Plätze zeigen. Fühlen sie sich unbeobachtet oder allein, halten sie mit diesen flüchtigen Naturwesen, ihren unsichtbaren Helfern, Zwiesprache.

Dieser einleitende Exkurs in die phantastische Welt der Kindheit soll deutlich machen, daß die Erde nicht nur da draußen, um uns herum oder unter uns ist, sondern auch in uns und mit uns. Wir wurden schon als Kind mit der Erde konfrontiert und haben diese körperlich-sinnlichen Erfahrungen tief in unserem Bewußtsein gespeichert und in jeder Zelle verinnerlicht. Auch heute noch suchen wir als Erwachsene den Kontakt mit der Erde, weil sie eine beruhigende Wirkung auf uns ausübt. An warmen Sommertagen legen wir uns gern auf eine Wiese, bei Entspannungsübungen auf den Boden. Jazzspezialist, Hör- und Klangkenner Joachim-Ernst Berendt schreibt, daß viele

Yogalehrer ihre Schüler ermahnen, „sich – bevor sie sich auf irgendeine Übung einlassen – zu erden: Verbindung mit der Mutter Erde aufzunehmen und diese Verbindung zu fühlen". Und selbst einer der bedeutendsten Physiker des 20. Jahrhunderts, der Österreicher Erwin Schrödinger, der 1933 den Nobelpreis erhielt, meinte: „Du kannst dich so auf den Boden werfen, ausgestreckt auf unserer Mutter Erde, in der festen Überzeugung, daß du eins mit ihr bist und sie mit dir."

Ja, wir sind eins mit der Erde. Sie spielt in unserem Leben eine prägende Rolle. Und unser Körper wird am Ende seiner Tage wieder zu Erde. Er kehrt in das Erdreich und in den Schoß von Mutter Erde zurück. Das kirchliche Ritual am Aschermittwoch macht dies deutlich, wenn der Priester Asche als Zeichen der Vergänglichkeit auf die Stirn streicht – auf die Stelle, wo der Sitz des dritten Auges, der Intuition, Inspiration und des göttlichen Willens ist. Der deutsche Dichter Friedrich von Schiller widmete der Erde in seinem „Lied von der Glocke" vor 200 Jahren eine Passage:

„Der, welcher wandert diese Straße voll Beschwerden,/ wird rein durch Feuer, Wasser, Luft und Erden;/ wenn er des Todes Schrecken überwinden kann,/ schwingt er sich aus der Erde himmelan."
Emanuel Schikaneder, aus „Die Zauberflöte"

„Dem dunkeln Schoß der heilgen Erde
Vertrauen wir der Hände Tat,
Vertraut der Sämann seine Saat
Und hofft, daß sie entkeimen werde
Zum Segen, nach des Himmels Rat.
Noch köstlicheren Samen bergen
Wir trauernd in der Erde Schoß
Und hoffen, daß er aus den Särgen
Erblühen soll zu schönerm Los."

Unser Planet Erde ist ein sich entwickelndes, sich selbst regulierendes System – ein lebender Organismus. Die moderne Ökologie bezeichnet dieses Erdlebewesen nach der griechischen Erd- und Muttergöttin als Gaia. Diese tiefenökologische Sichtweise stellt auch die These meines Buches dar, die in Kurzform lautet:

Gaia – Mutter Erde lebt!

Die Erde als Gottheit

Mythologische Überlieferungen sprechen von der Erde als weibliche Gottheit. Unsere Urahnen verehrten sie als Große Mutter Erde unter zahlreichen Namen und erkannten sie als Urkraft allen Seins an: als Gebärerin und Schöpferin von Leben, aber auch als dessen Zerstörerin. Um ihre vielfältige Gestalt ranken sich bei den alten Griechen, Römern und Germanen ebenso viele Erzählungen wie Gebräuche: Ihr zu Ehren zelebrierten die Menschen Fruchtbarkeitsfeste. Spirituelle Erdrituale dienen heute noch dazu, sich mit Mutter Erde wieder auszusöhnen und ihr den Respekt zu erweisen, der ihr als unser aller Erdenmutter gebührt.

'Mutter Erde', Gemälde von Diego Rivera (1925).

Die vier Körper der Erde

„Wenn deine Seele lächelt, getaucht ins Sonnenlicht deines Lebens; wenn deine Seele singt, in der Puppe aus Fleisch und Stofflichkeit; wenn deine Seele weint, in der Feste ihrer Illusionen; dann wisse, o Schüler, deine Seele ist von dieser Erde."
Helena Petrowna Blavatsky, Begründerin der Theosophischen Gesellschaft (1875)

Nach esoterischen Erkenntnissen hat nicht nur der Mensch vier Körper – einen physischen, ätherischen, astralen und mentalen –, auch die Erde besteht aus vier Körpern. Manfred Kurt Ehmer, der sich mit der Göttin Erde, ihrem Kult und Mythos eingehend und einfühlsam beschäftigt hat, schreibt, „daß die Erde nicht nur einen physischen Körper besitzt, sondern auch einen Ätherleib, einen Astralkörper und einen Gedankenkörper. Ihr physischer Körper ist der Planet Erde, ihr Ätherleib der Sitz all ihrer lebenspendenden Wachstums- und Vegetationskräfte, und mit ihrem Astralleib kann die Erde empfinden. Der sogenannte Gedankenkörper der Erde bildet den Sitz ihrer planetarischen Intelligenz, die nicht etwa für sich allein dasteht, sondern die den physischen Planetenkörper ganz und gar durchdringt, ähnlich wie beim Menschen die bewußte Intelligenz bis in die kleinsten Körperzellen hinabreicht. Mit den Begriffen *Ätherleib, Astralleib* und *Gedankenleib* bezeichnen wir die höheren übersinnlichen Wesensglieder der Erde. Das Physisch-Organische der Erde befindet sich im Mittelpunkt eines konzentrischen Systems ineinanderwirkender Kraftfelder, das wir in seiner Gesamtheit die *Aura der Erde* nennen. Die Erde besitzt eine Aura aus ätherischen und astral-mentalen Kraftfeldern, die sich weit in den Weltraum hinaus ausdehnt, vielleicht bis zur Mondumlaufbahn. Die Erdenaura bildet also einen okkulten Riesenplaneten, der an Ausdehnung bei weitem den Raum überschreitet, den der physisch wahrnehmbare Erdenplanet einnimmt."

Monte Albán, das religiöse Zentrum der Zapoteken in Mexiko, gehört zu den Kraftplätzen der Erde.

So betrachtet ist die Erde nicht nur Materie, also verdichtete Schwingung, sondern auch Geist und Bewußtsein. Das geistige Wesen der Erde haben die alten Griechen schon mit *gaia* (Erde) oder *sophia* (Weisheit) bezeichnet. Die irdische Geistigkeit findet ihren Ausdruck an sakralen Orten, an vitalenergetischen Kraftzentren der Erde, die seit frühesten Zeiten auf Erdkraftlinien, sogenannten Laylines, erbaut wurden. An diesen heiligen Stätten errichteten die Menschen Menhire, Kapellen, (Wallfahrts-)Kirchen oder Naturtempel, um dort ihre feierlichen Zeremonien abzuhalten.

Die unzähligen Namen und Gestalten der Erde

„Erde, göttliche Königin, Mutter Natur, die du alle Dinge geschaffen und immer aufs neue die Sonne aufgehen läßt, die du den Völkern geschenkt hast. Hüterin des Himmels und des Meeres und aller Götter und Mächte; durch deinen Einfluß wird alle Natur stumm und sinkt in den Schlaf.

Und wiederum schickst du, wenn es dir gefällt, das glückliche Licht des Tages und nährst das Leben mit deiner ewigen Gewähr; und wenn der Geist des Menschen hinscheidet, kehrt er zu dir zurück.

Mit Recht bist du die Große Mutter der Götter genannt; Sieg ist dein göttlicher Name. Du bist die Quelle der Kraft von Völkern und Göttern; ohne dich wird nichts geboren und nichts vollkommen; du bist mächtig, Königin der Götter.

Göttin, ich verehre dich als göttliche Königin, deinen Namen rufe ich an; geruhe, mir zu gewähren, um was ich dich bitte, auf daß ich dir, Gottheit, meinen Dank erstatte."

Aus einem englischen Herbarium des 12. Jahrhunderts

Für erdverbundene Kulturen waren Erde und Natur als Teil der Schöpfung schon immer lebendig. Der Erde wurde zu allen Zeiten auf der ganzen Welt eine große, meist weibliche Urkraft zugeschrieben. In den Naturreligionen frühzeitlicher Völker verehrten die Menschen sie allgemein als Mutter Erde oder Große Mutter – als Dana, Danu, Danae oder Danuna – und personalisiert als weibliche Erdgottheit unter verschiedenen Namen. Bei den alten Griechen hießen die Erdgöttinnen Gaia, Demeter, Persephone und Rhea, bei den Phrygiern in Kleinasien Kybele, bei den alten Russen Mati Syra Semlja, bei den Azteken Coatlicue, bei den Germanen Jörd und Nerthus, bei den Römern Terra Mater und Tellus Mater, bei den Babyloniern Ninlil usw.

Der Schlangengott Quetzalcoatl: Diese Einlegearbeit in Türkis mit roten und weißen Muscheln, trug ein Hohepriester als Anhänger.

Eine Ausnahme bilden die Ägypter. Für sie war die Erde eine männliche Gottheit, ihr Erdgott hieß Geb. Einige Urvölker glaubten auch an tierische Verkörperungen der Erde, zum Beispiel stellten sich die kalifornischen Kato-Indianer die Erde als ein riesiges gehörntes Tier vor, das auf dem Urwasser schwimmt. Bei den mexikanischen Azteken war der Schlangengott Quetzalcoatl (indianisch „grüne Federschlange") für die Schöpfung der Erde verantwortlich.

Das Zeichen für die Erde entspricht dem der Frau.

Mutter Erde ist Anfang und Ende aller Dinge: Aus ihrem Schoß wird neues Leben geboren und kehrt dorthin wieder zurück. Da alle lebenden Wesen – Pflanzen, Tiere und Menschen – Nahrung und Energie vom Erdboden erhalten, glaubten die Menschen an ihre segenspendende und stärkende Macht. Sie erbaten sich von Mutter Erde Hilfe und Kraft bei Krankheit, Schwäche und Unfruchtbarkeit sowie Schutz vor Gefahren und schädlichen Gewalten.

Auf der anderen Seite gibt es jedoch auch Erdgottheiten, die in der Unterwelt oder im Totenreich herrschen, wie beispielsweise die griechische Persephone (siehe Seite 28 ff.) oder die indische Kali. Die Erdgöttin in ihren beiden gegensätzlichen Aspekten verkörpert Geburt und Tod gleichermaßen, was sich in Geburts-, Fruchtbarkeits- und Todesriten, die tief im Volksglauben verwurzelt sind, bis in unsere Tage erhalten hat.

Erdwichte, Gnome, Zwerge, Heinzelmännchen

Volkskundlichen Überlieferungen zufolge sollen auch Erdzwerge mit den vielen, regional unterschiedlichen Namen in Höhlen unter der Erde leben. Dort führen sie in bisweilen phantastischen Reichen ihr Eigenleben, hüten ihre Schätze, backen und schmieden. Meist scheuen sie das Tageslicht und trauen sich erst nachts aus ihren unterirdischen Höhlen hervor. Manchmal spielen die kleinen Schalke aber auch tagsüber in der Sonne mit Kindern. Hier und da glaubt man, daß diese Elementargeister ursprünglich Korn- und Vegetationsdämonen waren. Sieht man sie im Frühling bei Mondschein tanzen, soll das Jahr gut und ertragreich werden. Verstecken sie sich hingegen im Gebüsch, ist das ein schlechtes Omen. Guten, ehrlichen und frommen Menschen sollen sie heimlich bei der Arbeit helfen, den Bauern auf dem Feld oder beim Kühemelken, den Bäckern beim Brotbacken oder beim Blankscheuern von Küchengeräten. Unrühmliche Eigenschaften der Menschen wie Habsucht, Neid und Neugier, aber auch schlechte Angewohnheiten wie Fluchen vertreiben sie hingegen.

Erdbräuche und Erdrituale aus aller Welt

Rituelle Handlungen werden zu festen Zeitpunkten in gemeinschaftlicher Form – zu zweit, in der Familie, im Freundeskreis oder in einer spirituellen Vereinigung – zelebriert. Bestandteil von Ritualen sind symbolische Akte, wie Gelöbnisse, Opferung von Gaben, Anzünden von Kerzen oder das gemeinsame Verzehren von Speisen. Rituale geben dem Leben Halt, Orientierung und Sicherheit. Sie haben fast immer magisch-religiösen Charakter und sind eng mit der Mythologie eines Volkes verbunden. Häufig weiß man heute nicht mehr, wie bestimmte rituelle Kultgebräuche entstanden und ob sie heidnischen oder abergläubischen Ursprungs sind.

„Heil sei dir Erde, der Menschen Mutter, sei du wachsend in Gottes Umarmung, erfülle dich mit Frucht, den Menschen zunutze."
Anrufung an Mutter Erde

Schauen wir uns einige Erdbräuche und Erdrituale unserer Urahnen an, die aus verschiedenen Teilen der Erde und aus unterschiedlichen Epochen stammen. Manche von ihnen werden auch heute noch ausgeübt:

• Der Erde wurden und werden rituelle Trankopfer dargebracht. So gießt man vor einem Trunk oder danach ein paar Tropfen des Getränks auf den Boden. Mit dieser kultischen Opferung von Wein, Milch, Blut, Öl, Wasser und anderen Flüssigkeiten an die Göttin Erde will man sie symbolisch am Mahl teilhaben lassen oder auch dämonische Mächte im Erdinneren besänftigen.

• Betreten Politiker und geistliche Würdenträger einen neuen Kontinent, knien sie als erstes nieder und küssen die Erde. Diese Geste drückt ihre Ehrerbietung gegenüber der fremden Erde, dem unbekannten Land, aus.

Papst Johannes Paul II. küßt die Erde nach seiner Ankunft auf dem Flughafen von Wilna in Litauen.

• In Japan, Indien, Deutschland und Dänemark war es bis ins 18./19. Jahrhundert Brauch, auf dem Boden zu gebären. Die heilbringende Kraft der Erde sollte auf das Kind übergehen und es stark und kräftig werden lassen. In einem tieferen religiösen Sinn wollten die Eltern ihr Kind der Mutter Erde weihen. In einigen Gesellschaften hob der Vater das Kind vom Boden auf und erkannte es damit als sein eigenes Fleisch und Blut an.

• Die Eipo, ein kleines Ureinwohnervolk in den Bergen West-Neuguineas, nennen das Gebären *me delina*, das heißt „das Kind auf die Erde legen". Bekommt eine Eipo-Frau ein Kind, nimmt sie intuitiv meist eine aufrechte, hockende Körperhaltung ein. Andere Frauen des Stammes halten permanent Körperkontakt zur Kreißenden und massieren sanft ihren Bauch, um Wehen auszulösen. Dabei sprechen sie Heilzauber. Das Kind gleitet völlig ohne Hilfe auf den weichen, mit Blättern gepolsterten Erdboden.

• Nach einem Erdritus indianischen Ursprungs wird die Plazenta nach der Geburt in der Erde vergraben und darauf ein Bäumchen gepflanzt.

• Kranke wurden auf die Erde gebettet, damit sie wieder erstarken und schneller genesen könnten. Der Lehmpastor Emanuel Felke (1856-1926) verordnete seinen Kranken das Schlafen auf bloßer Erde. Die Therapie mit Heilerden, mit Lehm, Löß, Fango und Moor sowie ihre äußerliche und innerliche Anwendung gehört zu den ältesten Behandlungsformen der Menschheitsgeschichte überhaupt (mehr darüber auf Seite 92 ff.).

„Gott hat nie eine Krankheit kommen lassen, daß er nicht ihr Arznei in der Natur geschaffen hätte."
Paracelsus (1493-1541)

• Zu Ururgroßmutters Zeiten gab es den Brauch, im Krankenzimmer frische Erde auf einem Ofen zu erhitzen, weil man glaubte, ihre Ausdünstung unterstütze den Genesungsprozeß des Kranken. Heute dürfen wir bei Besuchen im Krankenhaus nicht einmal einen Blumenstock mit Erde mitbringen. Die Angst vor Bakterien, Läuse- oder Pilzbefall der Erde ist zu groß.

• Hexen und Magier, weise Frauen und Männer wußten um die magische Kraft der Erde. Um sich ihre eigene Zauberkraft zu erhalten, hielten sie ständig Verbindung mit dem Erdelement. Aus dem dunklen Kapitel der Inquisitionszeit wird berichtet, daß zum Tode verurteilte Hexen und Zauberer von ihren Henkersknechten in Ketten gelegt und in großen Körben schwebend zur Richtstätte getragen wurden, so daß ihre Füße nicht den Boden berühren konnten. Eine Volkssage erzählt, daß ein in der Schweiz gefangener Zauberer von Kindern Brot erhielt, das auf die Erde gefallen war. Dadurch bekam er wieder Macht und konnte sich befreien. Eine Hexe, die abgeführt wurde, rief einem Jungen zu, er solle ihr drei Handvoll Erde zuwerfen. Nachdem er dies getan hatte, erlangte sie ihre alte Zauberkraft und entwich.

• Intensiver Kontakt von wichtigen Gegenständen mit der Erde sollte ihnen Dauerhaftigkeit und Beständigkeit verleihen. Als es noch kein Grundbuchamt und keine notarielle Beglaubigung gab, war es üblich, das leere Pergament, auf dem ein Grundstücksverkauf dokumentiert werden sollte, zusammen mit Feder und Tinte einige Zeit auf das betreffende Stück Land zu legen. Das Aufheben des Pergaments von der Erde wurde – ähnlich wie das Aufheben eines neugeborenen Kindes – als feierliche rituelle Handlung begangen.

• Heimat und Erde sind zwei Begriffe, die in der Vorstellung vieler Völker untrennbar miteinander verbunden sind. Wer etwas Erde aus der Heimat bei sich trägt, bleibt mit ihr verbunden, ganz gleich, wo er sich auch aufhält. Mütter gaben ihren Söhnen, die „auf die Walz gingen", und Ehefrauen ihren Männern, die in den Krieg zogen, ein Säckchen Heimaterde mit in die Fremde. Sie nähten ihnen etwas Erde in ihre Kleider ein oder mischten sie vor Antritt der Reise heimlich unter das Essen oder ein Getränk. Dadurch sollten sie sicher vor Gefahren sein und kein Heimweh bekommen.

• Nach traditionellem Volksglauben bettete man Sterbende mancherorts auf die Erde oder den Fußboden, um ihnen das Sterben zu erleichtern.

• Gang und gäbe ist es heutzutage immer noch, einen im Ausland verstorbenen Menschen nach Hause zu überführen. Seine Angehörigen holen den Toten zurück in die Heimat und begraben ihn dort in der Muttererde, die ihn als Kind genährt hat.

• Weit verbreitet ist der Brauch, einem verstorbenen Menschen bei der Beisetzung mit einem Schäufelchen etwas Erde ins Grab hinabzuwerfen, ein Symbol für die Vergänglichkeit allen irdischen Seins: „Du bist aus Erde (Staub) und wirst wieder zu Erde (Staub)."

• Zahlreiche Naturvölker, wie zum Beispiel die Aborigines in Australien, sagen zukünftige Ereignisse voraus, indem sie Holz, Steine, Knochen, Zähne oder Federn auf die Erde werfen und ihre Lage oder Form deuten.

• Weissagung und Prophetie haben eine lange Tradition: Schon die Pythia von Delphi, eine Hohepriesterin und Dienerin der griechischen Erdgöttin Gaia, verstand es, die Kräfte der Erde zu nutzen. Sie saß auf einem dreibeinigen Schemel über einer Erdspalte, aus der betäubende Dämpfe aufstiegen. Diese versetzten sie in Trance und verliehen ihr seherische Kräfte. Dabei stammelte sie Worte, die ihre Priester als Antwort auf die gestellten Fragen interpretierten.

Die Pythia von Delphi auf dem Dreifuß (Holzstich um 1880).

• Ein anderer Erdwahrsagebrauch stammt aus Schlesien: Wenn man in der Christnacht auf ein Weizenfeld geht, dort mit geweihter Kreide ein Dreieck auf den Boden zeichnet und das Ohr auf die Erde legt, erzählt einem eine Stimme, was im neuen Jahr geschehen wird. Die Leute nennen das Weizenhören. Ebenso kann man in Ungarn in der Christ- oder Neujahrsnacht zu mitternächtlicher Stunde die Zukunft erfahren, wenn man an einem Kreuzweg oder auf einem Berg das Ohr auf die Erde legt.

• Russische Bauern glaubten, daß Mati Syra Semlja (Feuchte Mutter Erde) die Zukunft voraussehen kann. Wollten sie ihre prophetische Stimme hören, gruben sie ein kleines Loch und legten ein Ohr an die Erde. Da Mati Syra Semlja auch als unfehlbare Gerechtigkeitsgöttin galt, legten sie bei wichtigen Eideshandlungen eine Handvoll Erde auf den Kopf.

• „Wenn wir der Erde etwas wegnehmen, müssen wir ihr auch etwas zurückgeben. Die Erde und wir sollten gleichberechtigte Partner sein. Was wir der Erde zurückgeben, kann etwas so Einfaches und zugleich so Schwieriges wie Respekt sein", sagt Jimmy Begay vom Stamme der Navajo-Indianer. Für naturverbundene Völker ist wechselseitiges Nehmen und Geben ganz selbstverständlich. Wenn südafrikanische Sangomas (Heiler bei den Zulu) die Wurzeln einer Heilpflanze ausgraben, schenken sie Mutter Erde im Gegenzug auch etwas Wertvolles, zum Beispiel Perlen. Diese vergraben sie an derselben Stelle, an der sie die Wurzeln entnommen haben.

• Spirituelle Erdrituale, die heutzutage ausgeübt werden, dienen vor allem dazu, die Natur und ihre Zyklen wieder bewußt wahrzunehmen und sich mit der heilenden Urkraft der Erde neu zu verbinden. Das Erleben des Wandels in der Natur sensibilisiert für den Wandel im eigenen Leben.

Mythen und Mysterien

„Denn es ist eine Tatsache, daß die Mythen unserer Kulturen bewußt oder unbewußt auf uns einwirken als energiefreisetzende, lebensmotivierende und lenkende Wirkkräfte."
Joseph Campbell, amerikanischer Mythenforscher

Mythen sind, ebenso wie Rituale, so alt wie die Menschheit. Sie stammen aus vorgeschichtlicher, vorchristlicher Zeit, als sich die Menschen bildhafte Geschichten über die Schöpfung der Welt erzählten. In Mythen lebt ein überzeitliches Urwissen alter Völker, das sie in mündlicher Überlieferung von Generation zu Generation weitergegeben haben. Für den griechischen Dichter Homer waren *mythos* und *lógos* gleichbedeutend mit „Wort". In jenen Mythen, die das Geschehen in der Welt erklären sollten (Kosmologien), schufen sich die Menschen der Urzeit ihre Weltbilder. Darin deuteten sie Rätselhaftes, für das sie noch keine einleuchtende Erklärung hatten. In Schöpfungsmythen (Kosmogonien) erzählten sie sich in bildhafter, symbolischer Sprache, wie Erde, Himmel/Kosmos und Menschen entstanden sind. In Göttermythen (Theogonien) verehrten unsere Urahnen ihre Götter als die Schöpfer des Universums und priesen auch

Tempelruine in Samothrake: An diesem Kultplatz im alten Griechenland fanden die Mysterienspiele statt.

die Urkräfte der Göttin Erde. Die Erde ist in der Mythologie meist weiblich und gilt als heilig und mysteriös, ebenso wie das Leben selbst. Sie ist die Urquelle, die Leben, Wachstum und Fruchtbarkeit spendet und alle Lebewesen „gebärt". Als Unterweltgöttin nimmt sie das Leben aber auch wieder in ihren „Schoß" auf.

In agrarischen Kulturen wurde die Erdgöttin in Ackerbau- und Fruchtbarkeitsriten, in Saat- und Erntebräuchen oder Flursegen kultisch-religiös verehrt. An Kultplätzen, die auf spirituellen Kraftzentren der Erde errichtet worden waren – dort, wo Himmel und Erde sich trafen bzw. Himmelsgott und Erdgöttin sich (nicht nur symbolisch) miteinander vereinigten –, fanden zum Beispiel im alten Griechenland die Mysterienspiele von Eleusis (siehe Seite 30 f.) und Samothrake statt. Die Mysterien der Antike stellten Übergangs- und Einweihungsriten dar, in denen die Neophyten, die neu in einen Mysterienkult Aufgenommenen, das alte Leben hinter sich ließen und symbolisch starben, um in neuem Lichte und lichter Hoffnung wiedergeboren zu werden.

Erd-Mysterien waren in mutterrechtlichen Gesellschaften Frauen-Mysterien und wurden vor der Männerwelt streng geheimgehalten.

Sie fanden stets zu Neumond statt, wenn sich die „Poren der Erde" öffnen, um – wie die Frau während ihrer fruchtbarsten Phase – zu „empfangen". Bei vielen Fruchtbarkeits- und Wachstumsfesten ging es ziemlich zügellos zu. Die Frauen lebten an diesen Kulttagen ihre Phantasien orgiastisch aus, indem sie beispielsweise phallische Zeichen – lebende Schlangen oder Fichten- und Pinienzapfen – opferten, obszöne Lieder sangen, wollüstige Tänze aufführten und anzügliche Reden hielten. Den Höhepunkt bildete oft die „Heilige Hochzeit": Zwei Darsteller spielten die Fruchtbarkeit in der Natur nach, indem sie den feierlichen Schöpfungsakt vor aller Augen vollzogen. Bei diesen kultischen Zeremonien wurde gefeiert und geopfert. Dabei ging es nicht immer friedlich, weihevoll und unblutig zu.

Mythen artikulieren letzte Fragen des Menschen nach sich und seiner als übermächtig, geheimnisvoll und von göttlichem Wirken bestimmt empfundenen Welt und suchen dieses Ganze von seinen Ursprüngen her verständlich zu machen.

Je nach Kulturkreis und Religion floß auch viel Blut, wie das Beispiel Indien zeigt. „Kulte und Mythen der Großen Göttin sind in Indien durch die Ströme von Blut ausgezeichnet, die zu ihrer Ehre vergossen werden", schreibt der Indologe Heinrich Zimmer. Zu ihrem großen Tempelfest im Frühling wurden so viele Tiere geschlachtet, daß der blutgetränkte Sand zweimal am Tag erneuert werden mußte. „Die Erdmutter will mit dem Lebenssaft befruchtet und getränkt sein, soll sie Frucht tragen und das Leben auf sich nähren. ... Die Göttin als universelle Lebenskraft ist unerbittlich wie das Leben selbst, sie nährt sich vom Blut ihrer eigenen Geschöpfe", erläutert Zimmer die hinduistischen Fruchtbarkeitskulte.

Andere Länder, andere Sitten – andere Welt- und Götterbilder. Wir wollen unsere Augen nicht vor den Praktiken anderer Kulturen verschließen, auch wenn diese für unser heutiges Empfinden oft unverständlich, befremdend oder sogar abstoßend wirken. In ihrem Kulturkreis und zu ihrer Zeit hatten sie sicher ihre Berechtigung und Bedeutung. Vielleicht ergeht es unseren Kindeskindern im dritten Jahrtausend ähnlich mit unseren „Mythen" des 20. Jahrhunderts. Die amerikanischen Mythenforscher Derek und Julia Parker bringen es auf einen Punkt: „Die Mythen von heute gedeihen in der Sciencefiction und in den Comics – in den Raumschiff-Crews utopischer Fernsehserien amerikanischer oder einheimischer Provenienz ebenso wie in Superman und selbst in Mickymaus und Donald Duck. Gewiß mögen diese Helden ganz anderen Zwecken dienen als Adonis, Huitzilopochtli oder Loki, doch sind sie nicht minder siegreich, und ihre Nöte spiegeln auch unsere eigenen wider." Betrachten wir in diesem Sinne auch die folgenden Mythen unserer Vorvorfahren.

Vater Sonne und Mutter Erde

Die nordamerikanischen Indianer verehren die Erde als ihre Mutter und den Großen Geist bzw. die Sonne als ihren Vater. Der Volkskundler Will-Erich Peuckert (1895-1969) erzählt in seinem Buch „Geheimkulte" die folgende Begebenheit: „Als General Harrison in den nordamerikanischen Indianerkriegen den Häuptling der Shawnees, Tecumseh, zu einer Unterredung rief: ‚Komm, Tecumseh, und setze dich zu deinem Vater!' antwortete ihm der Indianer: ‚Die Sonne dort ist mein Vater und die Erde meine Mutter, ich will an ihrem Busen ruhen!' und setzte sich nieder auf die Erde."

Mythen und Kulte der Griechen

Der Mythos von Gaia und Uranos in der „Theogonia" von Hesiod

„Wahrlich, zuerst entstand das Chaos und später die Erde,
Breitgebrüstet, ein Sitz von ewiger Dauer für alle
Götter, die des Olymps beschneite Gipfel bewohnen
Und des Tartaros Dunkel im Abgrund der wegsamen Erde. …
Gaia, die Erde, erzeugte zuerst den sternigen Himmel
Gleich sich selber, damit er sie dann völlig umhülle,
Unverrückbar für immer als Sitz der ewigen Götter,
Zeugte auch hohe Gebirge, der Göttinnen holde Behausung,
Nymphen, die da die Schluchten und Klüfte der Berge bewohnen;
Auch das verödete Meer, die brausende Brandung gebar sie
Ohne beglückende Liebe, den Pontos; aber dann später
Himmelbefruchtet gebar sie Okeanos' wirbelnde Tiefe. …
Als der jüngste nach ihnen entstand der verschlagene Kronos,
Dieses schrecklichste Kind, er haßte den blühenden Vater …"

Aus der „Theogonia" von Hesiod, Vers 116 ff.

„Mythos ist ‚Wissen in Geschichten'. Auch das umfassende Wissen, die allgemeinste Orientierung über die Stellung des Menschen in der ihn umgebenden Wirklichkeit wird als mythische Erzählung weitergegeben, als Schilderung vergangener Ereignisse."
Walter Burkert

Das Relief des Zeus-Altars von Pergamon zeigt den Kampf zwischen Göttern und Giganten. Athena trennt den Giganten Alkyoneus von der aus dem Erdreich auftauchenden Gaia, ohne die er sterblich ist.

Von der Erde als Urgöttin und Ahnherrin aller Götter erzählt bei den alten Griechen der griechische Dichter Hesiod. Dieser lebte um 700 v. Chr. und zog als fahrender Spielmann und Sänger durch die Lande. In seinem bedeutendsten Werk, der „Theogonia" (Entstehung der Götter), zeigen sich tiefe Naturverbundenheit und hohes dichterisches Können. Hesiod schuf in seinem Epos ein mythologisches Weltbild, in dem das ganze Pantheon der Griechen, die Gesamtheit aller ihrer Götter, wiederzufinden ist.

In bildhafter Sprache beschreibt die „Theogonia", wie aus dem Chaos, dem Anfang und Urgrund aller Dinge, die breitbrüstige Gaia, Göttin der Erde, und ihr männlicher Gegenpart, der finstere Tartarus, Herr der Unterwelt, hervorgehen. Gaia gebärt aus sich selbst heraus den Himmel(sgott) Uranos, die Berge, das Meer (den Pontos) und den Ozean (den Okeanos). Dieser Akt der Jungfernzeugung, in der Biologie „Parthenogenese" genannt, geschieht ohne Mitwirken eines männlichen Partners. Das griechische Wort *parthenos* bedeutete damals – so Manfred Lurker – „unverheiratet". Eine Jungfrau war demnach eine unverheiratete, aber nicht zwangsläufig eine unberührte Frau.

In dem Epos vermählt sich die Erdgöttin Gaia mit ihrem eigenen Sohn Uranos, dem Himmelsgott. Jede Nacht legt sich der Sternenhimmel auf Mutter Erde und vollzieht die Heilige Hochzeit, eine inzestuöse, aber sehr fruchtbare Verbindung, bei der die zwölf Titanen, die einäugigen Kyklopen und die wilden Giganten gezeugt werden. Vor dieser Ausgeburt an Ungeheuern graut es ihrem Vater Uranos. Haßerfüllt stößt er seine Kinder zurück in den Tartarus, in die Unterwelt. Auf Geheiß seiner Mutter Gaia rächt sich Kronos an seinem Vater. Als Uranos sich Gaia wieder einmal in Liebeslust nähert, wird er von Kronos mit einer eisernen Sichel entmannt. Aus den Blutstropfen, die auf die Erde fallen, entstehen die rächenden Furien (Erinnyen). Aus dem abgeschnittenen Phallus und dem Samen des Uranos, die ins Meer fallen, wird Aphrodite, die Göttin der Liebe, aus dem Meeresschaum geboren. Sterbend prophezeit Uranos seinem Sohn Kronos, daß er dereinst von seinem Sohn entmachtet würde. Kronos vermählt sich mit seiner Schwester Rhea und verschlingt alle seine Kinder, bevor ihm ähnliches wie seinem Vater widerfährt. Doch sein jüngster Sohn Zeus, den Rhea vor dem Vater versteckt hielt, entmachtet ihn und begründet zusammen mit Hera das olympische Göttergeschlecht. Ein neues, mythologisches Zeitalter bricht an. Von nun an regieren zwölf Hauptgottheiten – sechs Frauen und sechs Männer – auf dem Olymp, mit Zeus und seiner Gemahlin Hera an der Spitze.

Aphrodite, die Göttin der Liebe, wird aus dem Meerschaum geboren. Ausschnitt aus dem Gemälde 'Die Geburt der Venus' (1482) von Sandro Botticelli.

Der Hymnus an Allmutter Erde von Homer

Was wäre die griechische Antike ohne Homer, den Vater der berühmten Heldenepen „Ilias" und „Odyssee"? Der blinde Dichter lebte etwa um 800 v. Chr. auf der Insel Chios. In seinem lyrischen Hymnus „An Allmutter Erde" besingt Homer die erhabene Göttin Gaia. In blumiger Sprache lobpreist er die allmächtige Mutter, die Nahrung, Fruchtbarkeit, Schutz und Wohlstand spendet. Erwähnt werden in dem Hymnus auch ihre Attribute, mit denen Gaia in der bildenden Kunst meist zu sehen ist: Füllhorn, das Symbol für Überfluß und Wohlstand, Früchte und Kinder.

„Göttliche Mutter des Alls, Deo, vielgerufene Gottheit! Keusche, männernährende, freundliche Geberin Demeter! Reichtumschenkende Göttin, Ährennährerin, Allesgeberin, Erfreut von den Werken des Friedens und von emsiger Arbeit."
Orpheus, griechischer Sänger

An Allmutter Erde

„Gaia! Dich Allmutter werd' ich besingen,
dich alte festgegründete Nährerin aller irdischen Wesen,
was die göttliche Erde begeht und was in den Meeren,
was in den Lüften sich regt, genießt deine Fülle und Gnade.
Gute Kinder und gute Früchte entsprießen dir, Hehre,
du hast Gewalt, den sterblichen Menschen Leben zu geben
oder zu nehmen. Doch selig sind alle, die du von Herzen
sorgend umhegst; bereitet ist ihnen neidloser Wohlstand.
Schwer von lebensspendender Nahrung strotzen die Felder,
auch auf den Äckern vermehrt sich das Vieh,
es bergen die Häuser
alles Treffliche. Doch in der Stadt voll herrlicher Weiber
herrscht man nach Recht und Gesetz,
gesegnet von Fülle und Reichtum.
Kinder strahlen von Jugend und Frohsinn,
Mägdelein tanzen
fröhlich gestimmt mit Blüten in Händen
die Reigen und springen
über die blumigen Polster der Wiesen. Erhabene Göttin!
Solche Ehren genießen die Deinen, du neidlose Gottheit!"

Der Mythos von Demeter, Kore und Persephone

Wodurch entstehen die vier Jahreszeiten? Warum gibt es eine dunkle, kalte, fruchtlose und eine helle, warme, fruchtbringende Saison? Vielleicht haben sich bereits die alten Griechen, die nur drei Jahreszeiten – Frühling, Sommer und Winter – kannten, diese Fragen gestellt und als Antwort den Mythos von Demeter und Persephone erfunden. Demeter ist eine Weiterentwicklung der alten Muttergöttin Gaia und gehört zu den zwölf olympischen Gottheiten. Sie tritt in drei Gestalten unter drei Namen auf: als Jungfrau Kore, Tochter der Demeter, als Demeter selbst, reife und weise Mutter- und Getreidegöttin, und als Persephone, Göttin der Unterwelt, des vegetativen Lebens und der Auferstehung.

Zum Mythos: Kore, die jungfräuliche, schöne Tochter Demeters, wandelt eines Tages auf einer Blumenwiese auf Sizilien. Plötzlich öffnet sich die Erde vor ihr, und ein Wagenlenker mit schwarzen Rossen entführt sie in den Abgrund zu Hades, dem Gott der Unterwelt. Hades hat sich Kore als Gattin auserkoren. Demeter trauert unsäglich um den Verlust ihrer Tochter und sucht in der ganzen Welt nach ihr. Hekate, die Göttin der Zauberei, schickt sie zu Helios, dem Sonnengott. Von ihm erfährt Demeter, daß ihr Bruder Zeus, von dem sie in einer Liebesnacht Kore empfangen hatte, von dem Raub gewußt und ihn gebilligt hatte. Vater Zeus hatte also die eigene Tochter seinem Höllenbruder Hades preisgegeben. Erzürnt über diesen innerfamiliären Verrat nimmt Demeter der Erde jede Fruchtbarkeit: Sie läßt Pflanzen verwelken, Früchte verfaulen, Mehltau und Schimmel sich auf Blätter und Knospen legen und Jungtiere sterben. Die Menschen nagen schon am Hungertuch und rufen Zeus um Hilfe, haben aber weder Getreide für ein Speiseopfer noch Wein für ein Trankopfer an die Götter. Trotz versöhnender Geschenke vom Olymp bleibt Demeter unnachgiebig. Die Erde werde so lange unfruchtbar bleiben, bis Hades ihre Tochter wieder freilasse. Zeus schickt den Götterboten Hermes zu seinem Bruder in die Unterwelt, um mit ihm zu verhandeln. Doch der will Persephone nur dann freigeben, wenn sie nicht von den Speisen der Toten ißt. Ein uraltes Gesetz besagt nämlich, daß jeder, der in der Unterwelt feste Nahrung zu sich nimmt oder etwas trinkt, dazu verurteilt ist, für immer dort zu bleiben. Hinterlistig versucht Hades, Persephone mit einem Granatapfel, dem Symbol ehelicher Treue, zu verführen. Arglos schluckt sie einige Kerne und verletzt damit unwissentlich das Gesetz. Demeter glaubt, ihre Tochter nun unwiederbringlich verloren zu haben, und ist nicht länger willens, vom Olymp aus für die Fruchtbarkeit der Erde zu sorgen. Doch Zeus, der olympische Göttervater, greift erneut ein und spricht folgendes Urteil: Ein Drittel des Jahres muß Persephone bei Hades in der Unterwelt bleiben. Dort

Auf dem Gemälde ‚Die Rückkehr der Persephone' (um 1890/91) von Frederic Leighton bringt der Götterbote Hermes Persephone aus der Unterwelt ihrer Mutter Demeter zurück.

Kore, die jungfräuliche Tochter Demeters, wird in den Abgrund zu Hades entführt (Aquatinta von J. L. Delignon nach einem Gemälde von Lambert Suster).

herrscht sie als Königin des Totenreiches an seiner Seite. Die anderen zwei Drittel des Jahres darf Persephone bei ihrer Mutter Demeter auf der Erde verbringen.

Was will uns dieser Mythos sagen? Persephone, die Vegetationsgöttin der Unterwelt, verkörpert den Wechsel der Jahreszeiten, das Stirb und Werde in der Natur. Im Winter, wenn sie wie ein Samenkorn im Schoß der Erde lebt, ruht die Natur. Doch sobald Persephone in die Oberwelt zu ihrer Mutter Demeter zurückkehrt, erwacht die Natur zu neuem Leben und begrüßt sie mit den Blumen des Frühlings. Wieder vereint, säen und ernten die beiden Erdgöttinnen. Demeter wird oft mit einer Kornähre, die sie dem Triptolemos als Dank für seine Gastfreundschaft schenkte, und mit einem Granatapfel dargestellt, der in den geheimen Mysterien von Eleusis als ein Symbol der Fruchtbarkeit galt.

Eleusinische Mysterien und Feste

„Windet zum Kranze die goldenen Ähren,
Flechtet auch blaue Cyanen hinein:
Freude soll jedes Auge verklären,
Denn die Königin ziehet ein,
Die uns die süße Heimat gegeben,
Die den Menschen zum Menschen gesellt.
Unser Gesang soll sie festlich erheben,
Die beglückende Mutter der Welt."
Aus „Das Eleusische Fest" von Schiller

Über ein Jahrtausend lang war Eleusis, ein kleiner, heute unbedeutender Ort westlich von Athen, eines der bedeutendsten Heiligtümer. Der Tempel der Demeter in Eleusis wurde 396 v. Chr. zerstört. Aber noch das ganze Mittelalter hindurch verehrten die griechischen Bauern Demeter als Große Göttin, und selbst im 19. Jahrhundert nannte man sie in Eleusis die „Gebieterin über Erde und Meer".

Zu Ehren der dreigestaltigen Erdgöttin fanden im antiken Hellas Fruchtbarkeitskulte statt: alljährlich im März die kleinen Eleusinischen Mysterien und alle vier Jahre im September die großen Eleusinischen Mysterien, der berühmteste Mysterienkult der alten griechischen Welt, bei dem die Geschichte ihres Leidensweges darge-

Demeter-Heiligtum in Eleusis.

stellt wurde. Während dieses Initiationsfestes ruhten 55 Tage lang alle Waffen, und große Prozessionen zogen von Athen nach Eleusis.

Im November feierten nur die Frauen bei Neumond die „Thesmophorien". Bei diesem Herbstaussaat-Fest baten sie um die Fruchtbarkeit der Erde. Was sich dabei abspielte, beschreibt Joe J. Heydecker: „Sicher ist, daß die Ackerfurchen mit frisch gesammeltem Menstruationsblut beträufelt wurden, ein Wachstumszauber, da sich das Nachtgestirn erneuerte, und zugleich eine Huldigung der Urmutter aller Dinge, der Mondgöttin Demeter. Ihr zeigten sich die jüngeren Teilnehmerinnen auch nackt, um die Göttin mit dem Anblick ihrer schönen Geschlechtsgenossinnen zu erfreuen."

Mythen und Kulte der Römer

Die alten Römer verehrten die Erdmutter als Terra Mater oder Tellus Mater (lateinisch bedeutet *terra/tellus* Erde, Erdreich, Boden). Sie galt als Vegetationsgöttin des Saatfeldes, zeigte jedoch weitaus weniger persönliches Profil und Individualität als die griechische Gaia oder Demeter. Sie wurde eher überpersönlich gesehen und stand in der Tradition der Großen Mutter, der Magna Mater. „Die Urreligion der

„Heilige Göttin Erde, Mutter der Natur, die du alles Leben bringst und wiedererweckst von Tag zu Tag. In ewiger Treue gewährst du die Nahrung des Lebens. Und wenn die Seele Abschied nimmt, suchen wir Zuflucht in dir. Alles, was du gewährst, fällt zurück in deinen Schoß."
Gebet eines römischen Schriftstellers im 3. Jh. n.Chr.

Magna Mater hat überall in Europa sichtbare Zeugnisse hinterlassen, von einzelnen Kultsteinen angefangen bis hin zu ausgedehnten jungsteinzeitlichen Tempelanlagen", erklärt Manfred Kurt Ehmer. „Der Kult der Magna Mater war im ganzen Vorderen Orient verbreitet, ... im Westen bis zu den Germanen (Erdgöttin Nerthus) und im Osten bis nach Indien", ergänzt Manfred Lurker. Die bekannteste Tonstatuette einer Muttergottheit, die im niederösterreichischen Donauraum gefunden wurde, ist die Venus von Willendorf. Trotz ihres Alters von etwa 20000 Jahren ist sie erstaunlich gut erhalten und zeigt das damalige Schönheitsideal einer Frau: ausladende Hüften, opulentes Gesäß, üppige Brüste – kurz den Prototyp einer fruchtbaren und gebärfreudigen Großen Mutter, einer klassischen Fruchtbarkeitsgöttin.

Zurück zur altrömischen Tellus Mater: Jedes Jahr Mitte April, nachdem die Frühjahrsaussaat beendet war, fand ihr zu Ehren ein Fest statt, die „Fordicidia". Dabei wurden ihr trächtige Kühe geopfert, mit denen sie auch auf Zeichnungen abgebildet ist. Andere Erscheinungsformen der Erdmutter verkörperten Ceres, Fauna und Flora. Ceres, die Göttin der Feldfrüchte, entsprach der griechischen Getreidegöttin Demeter. Nach Ceres werden die Feldfrüchte Zerealien genannt. Ceres wurde alljährlich vom 12. bis 19. April auf den „Cerealia" gefeiert. Fauna, die Feld- und Waldgöttin, war – wie so oft bei den Göttern – Schwester und gleichzeitig auch Gattin von Faunus, den die Frauen anriefen, wenn sie schwanger werden wollten. An ihrer nächtlichen Zeremonie Anfang Dezember durften ebenfalls nur Frauen teilnehmen. Der römischen Blumen- und Frühlingsgöttin Flora zu Ehren wurden zwischen dem 28. April und 3. Mai die „Floralia" gefeiert mit zirzensischen Spielen, das heißt mit Festumzug, Wagen- oder Pferderennen, Faust- und Ringkämpfen im Zirkus.

Venus von Willendorf.

Bild rechts: Ceres mit Bacchus und Amor, Gemälde von Hans von Aachen.

Auffallend sind die Parallelen zwischen griechischem und römischem Kulturkreis. Ihre gemeinsamen Wurzeln liegen unverkennbar im Mittelmeerraum: Im antiken Hellas gab es den Demeter-Kult, der dann um 500 v. Chr. in Rom eingeführt wurde, im antiken Rom den Ceres-Kult, der stark von griechischen Riten beeinflußt war. Griechen und Römer verehrten ähnliche Gottheiten der Erde, sie hatten lediglich unterschiedliche Namen (Demeter–Ceres, Persephone–Proserpina, Dionysos–Bacchus, Pan–Faunus). Wie viele Gestalten und Kulte es auch gab, sie alle dienten nur einem einzigen Zweck: der Großen Göttin, Mutter Erde, zu huldigen.

Mythen und Kulte der Germanen

Das Göttergeschlecht der Asen und Wanen

Odin, der Begründer des kriegerischen Göttergeschlechts der Asen (Xylografie nach der Zeichnung von C. E. Doeppler 1880).

Die Germanen waren mit den Völkern der indoeuropäischen Völkerfamilie verwandt, die alle die Mutter Erde verehrten und an die Heilige Ehe zwischen Erde und Himmel glaubten. Die Germanen bestanden aus zahlreichen nordischen Stämmen, den Kimbern, Teutonen, Goten, Bastarnen, Langobarden, Friesen, Sachsen, Franken, Wandalen, Alanen, Alemannen, Angeln, Gauten und vielen anderen mehr. Am bekanntesten sind wohl die Wikinger, die seefahrenden skandinavischen Normannen und Vorfahren der heutigen Norweger, Schweden und Dänen. Während ihrer Eroberungszüge zu Wasser und zu Land (zwischen 800 und 1200 n. Chr.) entstand auch die berühmte „Edda", die Mythen, Götter- und Heldenlieder enthält und den ganzen Kosmos altnordischen Glaubens umfaßt. In dieser Götterwelt kommen viel mehr Göttinnen als Götter vor, wohl ein Zeichen für deren große Bedeutung. Im Unterschied zu den unsterblichen Göttern der meisten anderen Kulturen sind die germanischen Gottheiten aber alle sterblich wie die Menschen selbst.

Die „Edda" erzählt von zwei Göttergeschlechtern, den Asen und den Wanen, die sich nach vielen Kriegen endlich miteinander aussöhnen. Im Gegensatz zu den kriegerischen und lauten Asen (Odin, Thor, Loki) sind die Wanen (Njörd, Freyr, Freyja) ruhig, friedliebend und naturverbunden. Sie bewohnen die Tiefen der Erde und des Meeres und gewähren den Menschen Gedeihen und Fruchtbarkeit. Das bäuerliche Landvolk verehrte die Wanen als Götter der Vegetation und des Ackerbaus und brachte ihnen Feldfrüchte kultisch dar.

Njörd – die doppelgeschlechtliche Erdgottheit

Der oberste Gott der Wanen war Njörd, ein männlicher Fruchtbarkeitsgott, mit dem es eine besondere Bewandtnis auf sich hat. Nach dem römischen Geschichtsschreiber Cornelius Tacitus ist Njörd mit der nordgermanischen Erdgöttin Jörd (Erde) bzw. der römischen Nerthus identisch. Das heißt, er ist sowohl männlich als auch weiblich und damit doppelgeschlechtlich wie die Erde selbst, die am Anfang alle Wesen ohne Erzeuger aus sich selbst zeugt. Auch der germanische Urriese Ymir ist zweigeschlechtlich. Während er schlief, wuchsen ihm aus den Achselhöhlen ein männliches und ein weibliches Lebewesen. „Ob es sich nun um eine hermaphroditische oder eine androgyne Gottheit, bald Mann, bald Weib, gehandelt habe oder um ein (im Skandinavischen) fast namensgleiches Geschwisterpaar, bleibt unentschieden", stellt Joe J. Heydecker fest. Da Geschwisterehen bei den Wanen – jedoch nicht bei den Asen – erlaubt waren, handelt es sich bei Njörd und Nerthus vielleicht um Bruder und Schwester und um Gatte und Gattin, die ein und dieselbe Gottheit verkörperten.

„Odin, Wili und We gewannen die Herrschaft über die Schöpfung,
denn sie erschlugen Ymir. ...
Aus Ymirs Blut wurden alle Wasser, aus seinem Fleisch Erde und Lehm,
aus seinen Haaren die Bäume, aus seinen Knochen und Zähnen
Berge und Felsen, aus seinem Schädel ward der Himmel, ...
aus seinem Gehirn, das die Götter in die Luft schleuderten,
wurden die Wolken, und aus seinen Augenbrauen
ward der Wall, der Midgard, das Land der Menschen,
gegen das Meer und seine Riesen schützt."
Aus „Götter und Helden der Germanen" von Eckart Peterich

Freyja, die Göttin der Liebe und der Fruchtbarkeit, auf einem von Löwen gezogenen Wagen.
(Xylografie 19 Jh.).

„Die Gottheit, die über die Fruchtbarkeit herrschte, kann in der Tat beide Geschlechter in sich vereinigt haben. Aber irgendeine greifbare Handhabe zu dieser Hypothese haben wir nicht", resümiert der Germanenforscher R. L. M. Derolez. „Der Name Nerthus (und somit auch Njörd) scheint die personifizierte Lebenskraft bezeichnet zu haben, ohne daß dabei der männliche oder weibliche Aspekt speziell in den Vordergrund getreten wäre. Man hat dabei wahrscheinlich nicht nur an die natürliche Fruchtbarkeit gedacht", so Derolez, sondern auch „Milde" und „Gnade" damit gemeint.

Wie dem auch sei, warum sollen im mythologischen Weltbild der Germanen nicht Zwitterwesen existieren, wo es doch zu Beginn der Evolutionsgeschichte auf der Erde auch nur doppelgeschlechtliche Einzeller gab, die sich aus sich selbst heraus durch Zellteilung vermehrten?

Nerthus-Kult und Baum-Kult

„Eine Esche weiß ich, sie heißt Yggdrasil,
Die hohe, umhüllt von hellem Nebel;
Von dort kommt der Tau, der in Täler fällt,
Immergrün steht sie am Urdbrunnen.
Von dort kommen Frauen, drei, aus dem Saal,
Unter den Ästen, Allwissende."
Aus „Götter und Helden der Germanen" von Eckart Peterich

Die Germanen betrachteten den Baum als gleichberechtigtes Wesen und als Sitz der Götter. Diese Verehrung ging so weit, daß sie denjenigen, der einem lebenden Baum die Rinde abschälte, auf grausame Weise bestraften. Sie opferten sein Leben dem Baum.

Zu Ehren der Nerthus feierten die Nordgermanen im Frühjahr einen Kult, der mit einem feierlichen Umzug verbunden war. Der römische Historiker Tacitus berichtet darüber in seiner „Germania": „Auf einer Insel ist ein heiliger Hain, in ihm ein geweihter Wagen, der mit einem Tuch überdeckt ist. Nur dem Priester ist es erlaubt, ihn zu berühren. Er merkt es, wenn die Göttin im Heiligtum anwesend ist, spannt dann Kühe an den Wagen und geleitet die Göttin mit großer Ehrfurcht. Freudig sind jetzt die Tage, festlich geschmückt all die Orte, welche die Göttin ihrer Ankunft und ihres Besuches würdigt. Man zieht nicht in den Krieg, greift nicht zu den Waffen; weggeschlossen ist alles Eisen. Ruhe und Friede ist jetzt nur bekannt, jetzt nur geliebt, bis derselbe Priester die Göttin, die des Verkehrs mit den Menschen müde ist, in das Heiligtum zurückbringt. Dann werden Fahrzeug und Decken und, wenn man es glauben will, die Gottheit selbst in einem verborgenen See abgewaschen. Dabei dienen Sklaven, die sofort derselbe See verschlingt. Daher herrscht ein geheimes Grauen, ein heiliges Dunkel, was das für ein Wesen sei, das nur Todgeweihte sehen."

Wie beim Aphrodite-Kult im antiken Hellas stand auch beim germanischen Nerthus-Kult die Heilige Ehe zwischen Priester und Göttin stellvertretend für die Fruchtbarkeit in der neu erwachenden Natur. Hier wie dort endete die Feier mit der sakralen, rituellen Waschung – dem Symbol für Erneuerung, Verjüngung und Wiedergeburt –, die kein Sklave, der ihr beiwohnte, überleben durfte, so streng war ihre Geheimhaltung.

Die Germanen verehrten ihre Götter nicht in von Menschenhand gebauten Steintempeln, sondern in Naturtempeln unter freiem Himmel. Ihre Naturverbundenheit war so tief, daß sie in Steinen, Hainen, Wäldern und Bäumen göttliche Kräfte und Mächte walten sahen.

‚Die Weltesche Yggdrasil mit Midgard und Midgardschlange' (Holzstich um 1880, später koloriert).

Besonders Bäume, die mit ihrem Wurzelwerk im Erdreich verankert sind und dadurch mit der Erdgöttin direkt in Verbindung stehen, waren ihnen heilig. Bäume verbinden das Bewußtsein des Himmels (Äste, Zweige) und der Erde (Wurzeln). Pflanzen keimen zuerst nach unten; sie stehen im Spannungsfeld zwischen oben und unten, zwischen Himmel und Erde. Eine besondere Rolle in der germanischen Mythologie spielt die immergrüne Weltesche Yggdrasil, der größte und schönste aller Bäume. Er trägt die Welt mit seinen über Himmel und Erde ausgebreiteten Zweigen, die das Götterland Asgard mit dem Menschenland Midgard und beide mit den unterirdischen Reichen verbinden. Unter jedem seiner drei Wurzeln entspringt ein Quell mit heiligem, glänzenden Wasser, aus dem die Weltesche ihre Kraft zieht. Yggdrasil steht unter dem Schutz der drei Nornen, der nordischen Schicksalsgöttinnen Urd (Erde), Verdandi und Skuld. Grünen wird der Schicksalsbaum so lange, bis die Götterdämmerung „Ragnarök" anbricht und sein Erzittern den Untergang der Welten und Götter ankündigt.

Mythen von heute – zwei Filmbeispiele

„Bishnoi oder die Religion der Liebe zur Natur"

„Sensibel ist die erde über den quellen: kein baum darf gefällt, keine wurzel gerodet werden Die quellen könnten versiegen Wie viele bäume werden gefällt, wie viele wurzeln gerodet in uns"
Aus „Sensibel ist die Erde" von Reiner Kunze u.a.

Einen Baum-Kult um den Khejri-Baum – sein botanischer Name ist *Prosopis cineraria* – pflegt auch heute noch das Volk der Bishnoi, die in der großen Wüste Thar in Rajasthan in Westindien leben. Wie der interessante Dokumentarfilm von Neelima und Pramod Mathur (3SAT, 11.11.1997) zeigte, ehren die Bishnoi gleichermaßen alles pflanzliche und tierische Leben, das ihnen heilig ist. Sie nutzen Tiere nur zur Milcherzeugung, schlachten sie niemals, fällen keine Bäume und verbrennen statt Holz Kokosnußschalen. Die Bishnoi (*Bish* heißt zwanzig, *noi* neun) befolgen nach wie vor die 29 Grundsätze Jambheswars, der im 15. Jahrhundert ihre Naturreligion begründete. Jambheswar lehrte sie die Achtung gegenüber Mensch und Natur. Eines seiner Gebote lautet: „Laßt uns einfühlsam mit allem Lebendigen umgehen. Darum beschneidet niemals einen grünenden Baum. Alle Bäume sollen mit Liebe gehegt werden. Und der Khejri-Baum soll immer unseren Schutz genießen." Khejri-Bäume geben

Die Bishnoi pflegen einen Baum-Kult um den Khejri-Baum, dem sie in der kargen Wüste Thar ihre ganze Existenz verdanken.

den Bishnoi in der kargen Wüste alles, was sie zum Leben brauchen: Früchte, Viehfutter und Humus. Jeden ihrer Tempel schmückt ein solcher Baum. Ihre Liebe zum Khejri-Baum hängt mit einer Begebenheit im 17. Jahrhundert zusammen. Damals opferten 363 Frauen, Männer und Kinder ihr Leben, um das von Bäumen zu retten, die der König von Jodhpur für einen neuen Palast fällen wollte. – Mythen und Kulte, es gibt sie auch in unseren Tagen, man muß sie nur suchen.

„Wo die grünen Ameisen träumen"

„Was würdest du tun, wenn man zu euch Bulldozer bringt und damit eure Kirchen umgräbt?" fragt der dunkelhäutige Ureinwohner Australiens den weißen Mann. Dieser ist gekommen, um das Land der Menschen in Besitz zu nehmen, die schon seit 50000 Jahren dort leben. Überall aufgeschüttete Hügelfelder, die wie riesige Maulwurfhügel aussehen – Erdrelikte, die zivilisierte Opalsucher hinterlassen haben. „Ihr weißen Menschen seid verloren, denn ihr versteht nicht das Land, die Erde. Euer Fortschritt führt ins Nichts. – It is a progress into nothingness", sagt der Stammesälteste. Den Aborigines ist ihr Land heilig, weil dort die grünen Ameisen unter der Erde träumen. Werden sie dabei gestört, kommen sie nach oben und zerstören alles. Mit den brummigen, erdigen Tönen des Didgeridoos, dem ältesten Blasinstrument der Erde, das sie aus dem Blutholzbaum schnitzen, entführen die „Hüter des Wissens" in die Traumzeit. In einem Supermarkt versammeln sich jeden Tag einige Aborigines immer an derselben Stelle. Zwischen gefüllten Regalen sitzen sie schweigend an ihrem ehemaligen Kultplatz auf dem Boden und träumen von ihren Kindern, denn nach ihrer Vorstellung ist es der einzige Ort, wo die Kinder von ihren Vätern geträumt werden.

Der Spielfilm von Werner Herzog „Wo die grünen Ameisen träumen" zeigt in eindrucksvollen Bildern und archaischer Sprache, wie zwei ganz unterschiedliche Welten aufeinanderprallen. Dem weißen Mann geht es allein um wirtschaftliche Macht, dem Ureinwohner um den Schutz seiner komplexen Glaubenswelt, in dem der Mythos eine ganz wichtige Rolle spielt. Ein sehenswerter, sozialkritischer, teilweise recht amüsanter Film, der aus dem Rahmen fällt, denn auch das Ende erfährt eine unvermutete Wende ...

„Vielleicht läge die Zukunft der Welt in besseren Händen, wenn wir endlich Abstand davon nehmen würden, ständig Neues zu entdecken, und uns statt dessen auf unsere Vergangenheit besännen."
Aus „Traumfänger" von Marlo Morgan

Die Erde als Teil des Kosmos

Seit vielen Jahrhunderten fragen sich Menschen, wie die Erde wohl geformt sei: flach wie ein Teller oder ein Stück Holz, das auf dem Wasser schwimmt, oder rund wie eine Kugel, die unbewegt im Zentrum des Universums inmitten anderer Sterne steht. Heute wissen wir, daß unser Erdball nur ein winziges Staubkorn im Weltall ist und sich um sein Muttergestirn, die Sonne, dreht. Erst der Blick vom Mond vor dreißig Jahren zeigte dem Menschen dann das wahre Bild seines Raumschiffs Erde: eine blaue, warme Oase im dunklen, kalten Weltraum, unendlich reich an Leben – dem einzigen, das die Forschung bisher entdeckt hat.

Unsere Erde vom Mond aus betrachtet.

Antike Weltbilder – die Erde als Scheibe und als Kugel

Unser Bild der Erde, unser Bewußtsein von der Welt und uns selbst hat sich im Laufe der Jahrhunderte gewandelt. Seit langer Zeit beschäftigen die Menschen die Grundfragen, wo sich ihr Heimatplanet im Universum befindet, wo ihr Platz im Kosmos ist, wie die anderen Planeten zur Erde stehen und ob es noch anderes Leben im All gibt. Damit wollen sie gleichzeitig den Standort der menschlichen Spezies bestimmen, ihre eigene Position und Funktion im großen, unendlichen Raum finden. Es entspricht wohl einem menschlichen Grundbedürfnis zu wissen, wer man ist und wo man sich befindet, sowohl im Kosmos als auch auf der Erde. Der Mensch auf der fortwährenden Suche nach Orientierung und Identität.

„Horcht in euch hinein und betrachtet die Unendlichkeit des Raumes und der Zeit. Hört den Gesang der Sterne, versteht die Sprache der Zahlen und vernehmt die Harmonie der Sphären!"
Pythagoras

Geschichtlich gesehen ist es noch gar nicht so lange her, daß die Menschheit glaubte, sie lebe auf einer Scheibe, an deren Rändern man in finstere Abgründe stürze. Thales von Milet (um 625 bis um 545 v. Chr.), Naturphilosoph und einer der Sieben Weisen im antiken Griechenland, vertrat die Theorie, die Erde sei scheibenförmig und schwimme wie ein Stück Holz auf dem Wasser. Das Wasser war für ihn der Urstoff, aus dem die Erde wie ein pflanzenähnlicher Organismus hervorwächst. Der griechische Philosoph Anaxagoras (um 500-428 v. Chr.) betrachtete die Erde als einen flachen Festkörper, der im Raum auf einer Art Luftkissen schwebt. Seine Theorien überprüfte er durch Experimente im Labor.

Der griechische Philosoph Pythagoras (um 570-480 v. Chr.) war der gedankliche Wegbereiter, die Erde als Kugel anzusehen, die ihrerseits von kugelförmigen Himmelskörpern umkreist wird. Für ihn und seine Anhänger, die Pythagoräer, stellten der Kreis und entsprechend die Kugel den vollkommenen Körper dar.

Dieses Gedankengut nahm der griechische Philosoph und Naturforscher Aristoteles (384-322 v. Chr.) auf. Im Zentrum seines astronomischen Weltbildes stand die unbewegte Erdkugel mit ihrer Atmosphäre. Außerhalb der Atmosphäre befanden sich die vier Sphären, die die Elemente Erde (*terra*), Feuer (*ignis*), Wasser (*aqua*) und Luft (*aer*) beinhalteten. An sie schloß sich die Sphäre mit dem Äther als einem fünften Element (die Quintessenz) an. Die vier Naturelemente konnten untereinander ständig Verbindungen eingehen und wieder auflösen und unterlagen somit dem ewigen Fluß von Werden und Vergehen. Im Unterschied zu ihnen galt der Äther als unveränderliches, himmlisches Element, in dem Sonne, Mond und Planeten kreisten. Noch die Astronomen des 18. und 19. Jahrhunderts hielten den Äther für ein Gas, das den gesamten Weltraum ausfüllte.

Der griechische Gelehrte Eratosthenes (um 275-195 v. Chr.) berechnete als erster den Erdumfang auf 39000 Kilometer, ohne jemals seine Heimat, die ägyptische Stadt Alexandria, verlassen zu haben. Er verrechnete sich dabei nur um 1000 Kilometer.

Letztendlich erbrachten jedoch nicht die antiken Philosophen und Sterngucker den Beweis, daß die Erde eine Kugel ist, sondern zwei Seefahrer im Mittelalter: Der erste war der Genueser Christoph Kolumbus (1451-1506). In spanischen Diensten wollte er 1492 westwärts nach Indien fahren und landete nach einer abenteuerlichen Fahrt über den Atlantik in Amerika. Er hatte 16000 Kilometer zurückgelegt und glaubte bis zu seinem Lebensende, er sei in Indien gelandet. Unter Leitung des portugiesischen Seefahrers Ferdinand Magellan (1480-1521) wurde die Erde dann 1522 erstmals vollständig umsegelt – Magellan selbst war vorher bei einem Streit mit den Eingeborenen auf den Philippinen ums Leben gekommen. Sein Kapitän Elcano vollendete die erste Weltumsegelung und bewies damit dreierlei: 1. Die Messung des Eratosthenes hatte gestimmt. 2. Kolumbus hatte tatsächlich einen neuen Kontinent entdeckt. 3. Die Erde ist rund.

Mit seinem Schiff ‚Victoria' umsegelte Ferdinand Magellan als erster die Welt.

Die Erde – ein Staubkorn im Universum

Die Erde steht unbeweglich im Mittelpunkt des Universums und wird von Sonne, Mond und Planeten umkreist. Dieses geozentrische Weltbild des griechischen Astronomen Claudius Ptolemäus (um 100 bis 170 n. Chr.) herrschte immerhin bis ins 16. Jahrhundert vor. Dabei wurde nicht nur die Erde, sondern auch der Mensch zum Mittelpunkt aller Dinge und zur Krone der Schöpfung auserkoren. Diese anthropozentrische (griechisch *anthropos* bedeutet „Mensch") Betrachtungsweise diente vor allem der Kirche als Stütze ihrer Vorherrschaft in der Gesellschaft. Im Namen des Papstes legiti-

„Kein Gestirn bildet den Mittelpunkt, da der Weltraum von jedem Punkt aus nach allen Richtungen hin gleich unendlich ist."
Giordano Bruno

mierte sie das brutale Wirken der Inquisitoren gegen Abtrünnige ihres Welt- und Glaubensbildes das ganze Mittelalter hindurch.

Erst Nikolaus Kopernikus (1473-1543) brachte das geozentrische Weltbild des Ptolemäus und der Bibel zu Fall, das über tausend Jahre lang als Dogma akzeptiert worden war. Es wurde abgelöst vom heliozentrischen Weltbild, in dem die Erde nicht mehr der Mittelpunkt des Universums, sondern nur einer von unendlich vielen Planeten im Kosmos ist. Damit verlor auch der Mensch seine stolze Position als zentrale Figur in der göttlichen Schöpfung. Erst in seinem letzten Lebensjahr veröffentlichte Kopernikus seine revolutionäre These vom heliozentrischen Weltbild, das noch heute Gültigkeit hat. Es besagt: Die Sonne bildet den Mittelpunkt, das Zentralgestirn, in unserer Galaxie, der Milchstraße, sie befindet sich jedoch nur an deren Rand. Um die Sonne bewegen sich Erde und die anderen Planeten: Merkur, Venus, Mars, Jupiter, Saturn, Uranus, Neptun und Pluto.

Das heliozentrische Weltbild des Kopernikus (kolorierter Kupferstich aus Christoph Cellarius 'Harmonia Macrocosmica' 1660).

Kopernikus' Anschauung galt zu seiner Zeit als Ketzerei, da sie im Widerspruch zur offiziellen Lehre der Kirche stand. Noch Galileo Galilei (1564 bis 1642) mußte vor dem heiligen Offizium in Rom, den Inquisitoren, im Alter von 70 Jahren unter Androhung der Folter die kopernikanische Theorie widerrufen und dem heliozentrischen Weltbild abschwören. Der Legende zufolge soll er dabei gemurmelt haben: „Eppur si muove." – „Und sie bewegt sich doch." Erst in unserem Jahrhundert wurden die beiden bedeutenden Wissenschaftler von der katholischen Kirche rehabilitiert, Galilei 1992 und Kopernikus 1993.

Auch der Dominikaner Giordano Bruno (1548-1600) galt als Anhänger des kopernikanischen Weltbildes. Er ging in seinem Denken aber weit über das heliozentrische System hinaus, betrachtete das Universum als unendlich und folgerte daraus, daß jeder Punkt des Universums Mittelpunkt sein könne. Seine kosmozentrische Sichtweise formulierte er, ohne jemals ein Experiment durchgeführt oder ein Fernrohr benutzt zu haben. Mit dieser Geisteshaltung wich auch er stark von der offiziellen Lehrmeinung der katholischen Kirche ab, weshalb er von der Inquisition als Häretiker verurteilt wurde und auf dem Scheiterhaufen in Rom endete.

Bruno war seiner Zeit um über 300 Jahre voraus. Dank der Astrophysik wissen wir heute, daß unsere Milchstraße eine von unendlich vielen Galaxien im Universum ist und allein in ihr schon ungefähr 100 Milliarden Sterne existieren sollen. Und nur einer dieser 100 Milliarden Sterne ist die Sonne, um die unsere Erde kreist, – der einzige mit Wasser, Atmosphäre und Leben ausgestattete Planet unseres Sonnensystems (Stand 1998).

Das Foucaultsche Pendel oder der Beweis, daß sich die Erde doch dreht

Der französische Arzt und Physiker Jean Bernard Léon Foucault (1819-1868) demonstrierte 1851 zum ersten Mal auf geniale Weise, daß sich die Erde bewegt und um ihre eigene Achse dreht. Er ließ ein schweres, langes Pendel von einer Kirchendecke herabhängen. Seine Spitze berührte den Sand auf dem Kirchenboden und zog kleine Furchen. Das Pendel schwang immer gleich, doch mit der Zeit änderte die Spur im Sand ihre Richtung. Die Erde drehte sich unter dem Pendel – ein augenfälliger Beweis für die Rotation der Erde.

Das Foucaultsche Pendel im Pantheon in Paris (Xylografie).

„Und sie bewegt sich doch."
(„Eppur si muove.")
Galileo Galilei

Der Blick vom Mond

„Die Erde erinnerte uns an eine in der Schwärze des Weltraums aufgehängte Christbaumkugel. Mit größerer Entfernung wurde sie immer kleiner. Schließlich schrumpfte sie auf die Größe einer Murmel – der schönsten Murmel, die du dir vorstellen kannst. Dieses schöne, warme, lebende Objekt sah so zerbrechlich, so zart aus, als ob es zerkrümeln würde, wenn man es mit dem Finger anstieße. Ein solcher Anblick muß einen Menschen einfach verändern, muß bewirken, daß er die göttliche Schöpfung und die Liebe Gottes dankbar anerkennt."
James Irwin, USA, Apollo 15, Juli 1971

„Uns ist ein Juwel gegeben. Die Erde bewegt sich mit einer Schönheit und Anmut, die überwältigend ist."
Eugene Cernan

Machen wir einen Zeitsprung vom Mittelalter in die Neuzeit. Erst 30 Jahre ist es her, daß die Menschheit zum ersten Mal ihren Heimatplaneten aus dem Weltall sah. In den Weihnachtsfeiertagen 1968 umkreiste Apollo 8 den Mond. Den drei amerikanischen Astronauten Borman, Lovell und Anders bot sich ein überwältigendes Schauspiel: Vor dem sternenübersäten Himmel sahen sie die Erde über dem Mondhorizont aufgehen, eine riesige Kugel, eingehüllt in ein bläuliches Licht, fern und rätselhaft. Hinter vorüberziehenden Wolkenschleiern verbarg sich das vertraute Gesicht ihrer Meere und Kontinente.

Die Fernsehübertragung aus der Raumkapsel von Apollo 8 ließ Millionen Zuschauer an ihrem Erlebnis teilhaben. Die ersten Aufnahmen der Erde aus dem Orbit verbreiteten sich wie ein mediales Lauffeuer auf der ganzen Welt. Sie erfaßten die Völker über die Ländergrenzen hinweg und einten sie in einem ehrfurchtsvollen Moment mit sich und ihrem Raumschiff Erde.

Mit Apollo 11 landeten dann erstmals Menschen auf dem Mond. Am 21. Juli 1969 betrat Neil Armstrong das Meer der Ruhe, Mare Tranquillitatis. „Ein kleiner Schritt für einen Menschen, aber ein riesiger Schritt für die Menschheit." Der österreichische Philosoph und Schriftsteller Günther Anders reflektierte über dieses historische Ereignis. „Das große Erlebnis auf dieser Mondfahrt war nicht das Ziel, sondern der Ausgangspunkt; nicht das Unbekannte, sondern das Bekannte; nicht das Fremde, sondern das Verfremdete; nicht der Mond, sondern die Erde." Der Blick vom Mond war, so Anders, „die

Aussagen ehemaliger Astronauten

Wer die Erde aus dem All gesehen hat – etwa 300 Astronauten waren es bisher –, ist nicht mehr derselbe Mensch, ganz gleich, welcher Nationalität oder welchem Machtblock er angehört. Er kehrt völlig verwandelt auf die Erde zurück. Die Unendlichkeit des Universums eint die Gefühle, macht ehrfürchtig und gläubig. Was verändert sich?
Dr. Ulrich Walter, deutscher Physiker und Astronaut bei der D2-Mission im Jahre 1993, meinte: „Was sich bei allen ändert, ist das Denken in einem. Die Welt, die man von da oben sieht, ist doch ganz anders als die Welt, die wir unten erleben, ist nur ein kleiner Ausschnitt, wie die Welt tatsächlich ist."
Oleg Makarow, UdSSR, Sojus T-3 im Jahre 1980, äußerte: „Menschen, die im Weltraum gewesen sind, haben erkannt, daß sie – ungeachtet aller Unterschiede – sich in einem einig waren: dem ausgeprägten ‚Gefühl als Erdenbürger', dem Gefühl persönlicher Verantwortung für die Erhaltung des einzigen, uns allen gemeinsamen Planeten. Sie haben begriffen, daß alle Schwierigkeiten, Meinungsverschiedenheiten und Hindernisse überwunden werden müssen."
Vielleicht sollte jeder einmal einen Ausflug in die Weiten des Universums unternehmen, damit unsere Welt friedlicher würde. Laut einer japanischen Studie würden immerhin 80 % aller Befragten unter 60 Jahren für einen Trip ins All ein ganzes Jahresgehalt ausgeben.

„Als ich hinausblickte in die Schwärze des Weltraums, übersät mit der Pracht unendlich vieler Lichter, sah ich Majestät – aber kein Willkommen. Unten gab es einen Planeten, auf dem wir mit offenen Armen empfangen würden. Dort, in der dünnen, sich bewegenden und unglaublich empfindlichen Hülle der Biosphäre befindet sich alles, was uns teuer ist, spielen sich alle Dramen und Komödien der Menschheit ab. Dort ist Leben, dort ist gut sein."
Loren Acton, USA, Challenger 8, 1985

Begegnung von uns Irdischen mit dem Bild der Erde." Wir erkannten, „daß jeder, der auf der Erde lebt, selbst ein Stück All ist, das auf einem Stück All durch das All fliegt."

Wir fliegen nicht, wir rasen mit 100000 Kilometern in der Stunde um die Sonne, unser Muttergestirn, herum! Der Blick vom Mond auf die Erde führte dem Menschen des ausgehenden 20. Jahrhunderts eines ganz deutlich vor Augen: Die Erde lebt! Sie ist ein lebender Organismus!

Der Amerikaner Eugene Cernan war als letzter Apollo-Astronaut auf dem Mond gewesen. In der Phoenix-Fernsehsendung „Mission zum Planeten Erde" am 7.7.1998 bekannte er ergriffen: „Uns ist ein Juwel gegeben. Die Erde bewegt sich mit einer Schönheit und Anmut, die überwältigend ist."

Die Erde lebt!

Space Shuttle mit Astronauten über der Erde, im Hintergrund der Mond.

Raumfahrt, Satelliten und Computer-Technologie haben unsere Sicht der Erde, unser Weltbild und Bewußtsein von Grund auf verändert. Auf welche Weise, das beschreibt Peter Russell sehr anschaulich: „Vielleicht sind wir Erdlinge Flöhen vergleichbar, die ihr ganzes Leben auf einem Elefanten verbracht haben, ohne ihn als Geschöpf zu erkennen. Sie kartographierten das Terrain – all die verschiedenen Hautflächen, Haare und Höcker –, erforschten die chemische Zusammensetzung, skalierten das Temperaturgefälle, klassifizierten die in ihrer Welt lebenden anderen Tiere und glaubten, ihr Habitat voll erfaßt zu haben. Doch dann machten eines Tages ein paar von den Flöhen einen riesigen Sprung und sahen den Elefanten aus hundert Meter Entfernung. Plötzlich ging ihnen auf: Der lebt ja! Das war die wahrhaft umwerfende Erkenntnis, die der Flug zum Mond gebracht hat: daß der gesamte Planet zu leben scheint – daß es nicht bloß auf ihm von Leben wimmelt, sondern daß er selber ein Organismus ist."

Was sagt uns diese einprägsame Metapher? Im indischen Weltbild ist der Elefant das weiseste Landtier. Trotz seiner Größe gilt er als gutmütig, denn er soll sogar seine Füße heben, um einen Ameisenpfad nicht zu zertreten. Der Elefant ist bekannt für seine immense Urkraft und sein gutes Gedächtnis. Über den Floh ist diesbezüglich nichts bekannt.

Auf das Bild von Russell übertragen heißt das: Die Erde (der Elefant) lebt und hat eine ihr eigene Weisheit und archaische Kraft. Dies kann der Mensch (der Floh) als ihr jüngstes (parasitäres) Geschöpf erst erkennen, wenn er über seine mikroskopische, existentielle Weltsicht hinausblickt und die Erde als ganzheitlichen makrokosmischen Organismus achtet.

Der Mensch ist als einziges Lebewesen, das sich seiner selbst bewußt ist, dazu in der Lage, seinen empfindlichen „Wirtskörper" in seinem symbiotischen Gleichgewicht zu stören und folglich seine eigene Spezies auszurotten. Denn nicht die Erde ist gefährdet – wie oft behauptet wird –, sondern der Mensch gefährdet sich selbst durch sein rücksichtsloses, ausbeuterisches Verhalten ihr gegenüber. Mutter Erde ist nicht mehr die Allerjüngste und auch nicht die Allergesündeste, dennoch wird sie laut Expertenmeinungen den Menschen überleben. Sie hat schon weitaus mehr in ihrem unvorstellbar langen Leben überstanden.

Die Geburt unseres Planeten

'Urerde' (1992), Glasobjekt (Größe 250 x 250 x 20 cm) von Veronika Flesch im Staatlichen Vermessungsamt Ebersberg bei München.

Vor unsagbar langer Zeit, vor 4,6 Milliarden Jahren, wurde unser Planet Erde aus dem Sternenstaub des Sonnensystems geboren. „Man nimmt heute aus vielerlei Gründen an, daß die Erde nicht aus einer Gaswolke kondensierte. ... Sie hat sich nicht homogen, sondern inhomogen gebildet, das heißt, sie bildete sich aus Gesteinsklumpen", schreibt der Physiker Erhard Keppler. Zeitgleich sind auch ihre Nachbarplaneten Mars und Venus sowie sechs weitere Himmelskörper – Merkur, Jupiter, Saturn mit seinen Ringen, Uranus, Neptun und Pluto – entstanden. Die Menschen glaubten früher, daß die Himmelskörper als Beleuchtungskörper von den Göttern an den Himmel geheftet wurden, und gaben den meisten Planeten deshalb Namen von Gottheiten. Den von der Erde kennen nur wenige: Gaia, Géa oder Ge, benannt nach der griechischen Erd- und Muttergöttin. Bei den alten Germanen hieß sie Freyja und war die Göttin der Fruchtbarkeit und Liebe. Aus Freyja wurde Erda (deutscher Name der nordgermanischen Jörd, siehe Seite 34 f.),

„**Wir sind Sternenstaub.**"
Professor Schmid-Burgk, Astrophysiker

Erde und im Englischen *earth*. Die Erde gehört – wie Merkur, Mars, Venus und Pluto auch – zu den „terrestrischen" Planeten. Im Unterschied zu den vier Riesenplaneten Jupiter, Saturn, Uranus und Neptun sind die terrestrischen klein, fest und dicht. Das heißt, sie haben relativ kleine Massen, feste Oberflächen und hohe Dichten. Damit Sie sich darunter etwas vorstellen können, ein Beispiel: Obwohl die Sonne 300000mal schwerer als die Erdmasse ist, ist die Dichte der Erde ungefähr viermal so groß wie die der Sonne. Die Erde und alle

SETI auf der Suche nach außerirdischer Intelligenz

Seit 1992 sucht die NASA, die zivile Raumfahrtbehörde der USA, gezielt nach außerirdischer Intelligenz. Das Programm heißt SETI (Search for Extraterrestrial Intelligence), sein Etat beträgt 100 Millionen Dollar. Mit riesigen Radioteleskopantennen hören SETI-Forscher den Himmel nach extraterrestrischen Radiosignalen ab, bisher jedoch ohne Erfolg.
In einem Interview mit „Focus" am 12.8.1996 sagte der amerikanische Evolutionsforscher und Berater der NASA William Schopf: „Auf dem Mond gibt es kein Wasser und keine Atmosphäre. Dort hat das Leben keine Chance. Die Venus ist zu heiß für Würmer oder Schnecken. In der Atmosphäre könnte es allerdings einige ballonförmige, schwebende oder fliegende Organismen geben. Richtig interessant sehen drei oder vier Monde des Jupiter aus. Die gemessene Dichte dieser Himmelskörper gibt uns Hinweise auf Wasser. Wenn es nur an der Oberfläche gefroren ist und darunter flüssig, könnten dort Mikroorganismen existieren. Diese Orte wird der Mensch mit Sicherheit im nächsten Jahrhundert besuchen."

anderen terrestrischen Planeten bestehen hauptsächlich aus Gesteinen und Metallen, zum Beispiel Eisen.

Von der Sonne aus gesehen ist die Erde der dritte Planet und im Mittel 150 Millionen Kilometer von ihr entfernt, weit genug, daß es auf ihrer Oberfläche nicht so glühend heiß wie auf der Venus

(480 °C), aber nicht so kalt wie auf dem Mars (– 60 °C) ist – ganz zu schweigen von den weiter außen liegenden „tiefgefrorenen" bzw. gasförmigen Nachbarplaneten Jupiter (– 150 °C), Uranus (– 170 °C), Neptun (– 200 °C) oder gar Pluto (– 230 °C). Aufgrund der Zusammensetzung der Atmosphären auf allen anderen Planeten gibt es auf keinem von ihnen Leben in gleicher oder ähnlicher Form wie auf der Erde – soweit der Forschungsstand 1998.

Nach wissenschaftlichen Berechnungen trennte sich die noch junge Erde vor mehr als 4 Milliarden Jahren in den Kern und den ihn umgebenden Mantel. Die Differenzierung – so nennt man diesen Prozeß – dauerte etwa 200000 Jahre. Dann kühlte die Erde von außen nach innen allmählich ab, und die feste Oberfläche, die Erdkruste, entstand. Isaac Asimov vergleicht den Erdkörper mit einem Ei: „Die Erdkruste, der Mantel und der flüssige Kern haben ein ganz ähnliches Verhältnis zueinander wie die Schale, das Eiweiß und der Dotter eines Eies."

„Unsere blaue Kugel ist nichts anderes als ein gigantisches Raumschiff, das durch das All fliegt. Wohin? Wahrscheinlich zu Gott zurück!"
Gisela Friebel und Klaus Hoffmann

Die Erde besteht aus verschiedenen Schichten, die sich um den Erdkern im Zentrum legen. Die Grenzen zwischen den einzelnen Schichten erkennt man an den Aufzeichnungen von Erdbebenwellen. Beim Übergang von einer zur anderen Schicht verändern die Wellen sprunghaft ihre Geschwindigkeit. Von außen nach innen betrachtet liegt zuoberst die relativ dünne Erdrinde oder Erdkruste, die empfindliche „Haut" der Erde. Sie ist am leichtesten zugänglich und am besten erforscht. Durch künstlich erzeugte Erdbeben- oder Sprengwellen ist ihre Dicke meßbar. Während die Entfernung von der Erdoberfläche bis zum Erdmittelpunkt 6350 km beträgt, ist die Erdkruste nur rund 5 bis 65 km dick, wobei die Kruste unter den Kontinenten viel jünger und etwa dreimal so dick ist wie die ozeanische Kruste unter den Meeren. Der Grund: Vulkane auf ozeanischen Rücken, also unterseeischen Gebirgen, befördern aus dem Erdinneren Magma und flüssiges Gestein, das erkaltet, erhärtet und so ständig neue ozeanische Erdkruste aus vulkanischem Basaltgestein nachbildet.

Die kontinentale Erdkruste auf dem Land ist zwischen 20 und 40 km dick, kann aber unter alten Gebirgen wie Böhmerwald, Harz oder Kaledonischem Gebirge in Skandinavien bis zu 64 km Dicke erreichen. Sie besteht zu 95 % aus silikatischen Gesteinen, das heißt aus Granit und Silikaten, Verbindungen aus **Si**licium und **Al**uminium (Sial) bzw. **Si**licium und **Ma**gnesium (Sima).

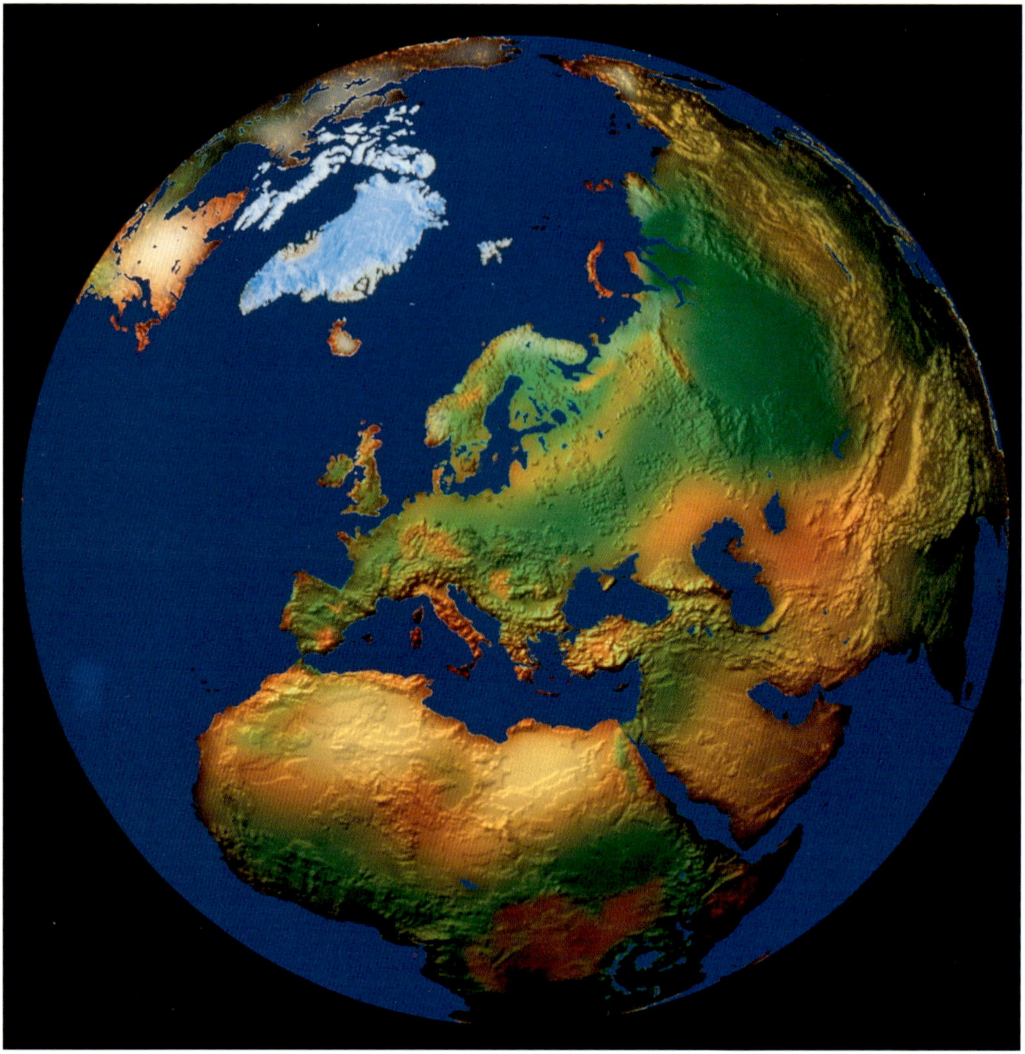

Weltkugel: Europa, Asien und Afrika.

Die blaue Insel im Weltraum

Wofür Pioniere und Querdenker in früheren Jahrhunderten sterben mußten, ist heute selbstverständliches Allgemeinwissen: Die Erde hat eine fast vollkommene Kugelgestalt. Am Äquator beträgt ihr Durchmesser 12756 km, von Pol zu Pol durchmißt sie 12713 km.

Wie ein Kreisel dreht sie sich um ihre eigene Achse, wodurch Tag und Nacht entstehen. Für eine vollständige Umdrehung braucht sie 24 Stunden, einen Erdentag. Sie bewegt sich auf ihrer ovalen (elliptischen) Umlaufbahn um die Sonne, ist ihr also einmal näher und erhält mehr Wärme, ein anderes Mal weiter von ihr entfernt und erhält weniger Wärme, wodurch die Jahreszeiten entstehen. Für eine Runde um die Sonne braucht die Erde 365 1/4 Tage, ein Jahr. Die Temperatur auf der Erde liegt im Mittel bei 15 °C, im Erdinneren schätzt man sie auf 5000 °C.

Die Erde selbst hat einen natürlichen Satelliten, der sie auf seiner Bahn umrundet, den Mond. Er kreist in 29,5 Tagen, also in fast einem Monat, einmal um die ganze Erde. Das Wort Monat ist von Mond abgeleitet.

Vom Weltraum aus betrachtet, sieht die Erde wie ein blauer Planet aus: 71 % ihrer Oberfläche (362 Millionen km^2) sind mit Meeren bedeckt und nur 29 % (148 Millionen km^2) mit Festland. Dieses ungleiche Verhältnis gehört zu den großen Wundern und Geheimnissen der Natur. Käme es zu größeren Veränderungen, so würde das gesamte Erdklima „kippen, und viele Arten von Lebewesen verlören ihre Existenzgrundlage. Von den Größenverhältnissen her müßte die Erde „Wasser" heißen, doch weil der Mensch das Land bewohnt, hat er sie nach dem festen Element „Erde" benannt. Vielleicht ändert sich die Namensgebung eines Tages, wenn die Erde wegen Übervölkerung bzw. Massenverstädterung so zugebaut ist, daß man das Wasser als Wohn- und als Arbeitsraum erschließen muß. In Japan gibt es bereits solche schwimmenden Städte im Meer, sogenannte *ocean cities* oder *floating cities*, künstliche Betoninseln zum Wohnen, Arbeiten und Vergnügen. Auf dem Kongreß „Ocean Cities" in Monaco wurde beschlossen, solche Freizeitstätten (vorerst für die Wohlhabenden) auch vor Monaco im Mittelmeer zu errichten.

Sternenhimmel im Weltraum.

Die Erde als lebender Organismus

Es gibt nicht nur Leben auf unserer Erde. Die Erde selbst ist ein gigantisches Lebewesen namens Gaia, das sich eigenschöpferisch am Leben erhält – so lautet die provokante These des englischen Forschers James Lovelock. Seine Gaia-Theorie prägt ein neues ganzheitliches Bild der Welt, in dem der Mensch – wie jedes andere Geschöpf auch – ein Teil von Gaia ist. Leben und Erde sind eins und nicht voneinander zu trennen. Alles ist mit allem wechselseitig verbunden. Jedes Teil arbeitet an einem gemeinsamen Ganzen, das sich nach einem geheimnisvollen Gesetz der Selbstregulation im Gleichgewicht hält.

Die immergrünen Regenwälder haben einen unschätzbaren ökologischen Wert. Sie wirken wie eine grüne Lunge der Erde und beherbergen zwei Drittel aller Tier- und Pflanzenarten.

Die vier Sphären der Erde

Schon die alten Kulturen wußten um den Aufbau der stofflichen Welt. Für sie bestand alles Irdische aus den vier Elementen Erde, Wasser, Luft und Feuer. Die heutige Wissenschaft unterscheidet ebenfalls vier große Sphären der Erde, die Sphäre der Kontinente, der Meere, der Luft und des Lebens. In der Fachsprache heißen sie Lithosphäre, Hydrosphäre, Atmosphäre und Biosphäre.

Die Lithosphäre ist die Gesteinshülle, die bis in etwa 100 km Tiefe reicht. Sie umfaßt die Erdkruste, festes Gestein, Lockergesteine, Vulkane und Gebirge.

Die Hydrosphäre ist die Wasserhülle. Sie umfaßt bis 11 km tiefe Ozeane (die tiefste Stelle ist mit 11035 Metern der Marianengraben vor Guam im nördlichen Pazifik), Binnenge- und Grundwässer.

Die Atmosphäre ist die Lufthülle, die sich bis in eine Höhe von 700 km erstreckt und aus Tropo-, Strato-, Meso- und Thermosphäre besteht.

Die Lithosphäre umfaßt unter anderem auch Vulkane.

Ozeane gehören zur Hydrosphäre

Die Biosphäre ist die Lebenshülle, also die Gesamtheit allen Lebens auf der Erdoberfläche, dicht darunter und darüber.

Die Biosphäre entwickelte sich als letztes dieser vier dynamischen Systeme. Um so tiefgreifender hat das Leben auf der Erde die Geschichte der anderen drei Sphären beeinflußt, so daß man kaum sagen kann, wo das Leben aufhört und die Erde beginnt. Die Grenzen zwischen den Sphären verschwimmen, da zum Beispiel Gesteine Wasser enthalten und Wasser in Form von Wasserdampf auch ein Bestandteil der uns umgebenden Lufthülle ist. Alle vier Sphären stehen ständig miteinander im Austausch. Zwischen ihnen besteht ein Gleichgewicht, das sich (noch) an alle Veränderungen anpaßt. Doch die Auswirkungen des menschlichen Eingriffs bedrohen dieses empfindliche Gleichgewicht immer mehr.

„Die Bio-, die Hydro- und die Atmosphäre treten untereinander und mit der äußeren Erdkruste in allumfassende, fortwährende Wechselwirkungen – eine Sache von Kreisläufen in Kreisläufen in Kreisläufen", schreibt der amerikanische Biogeologe Preston Cloud. Leben und Erde befinden sich in einer Art Symbiose. Da alle physikalischen, chemischen und biologischen Prozesse untereinander vernetzt sind und wechselseitig miteinander „arbeiten", gibt es so unendlich viele (Mikro-)Kreisläufe auf der Erde und in der Natur, daß man von einem gigantischen Makro-Kreislauf des Lebens sprechen kann – die Erde als Makro-Biosphäre, als ein hochdifferenzierter lebender Organismus.

Die Erde existierte schon mehr als 4 Milliarden Jahre, bevor sie den Menschen als ihr evolutionär letztes und jüngstes „Kind" hervorbrachte. Der menschliche Geist ist mit Bewußtsein ausgestattet, das heißt, der Mensch ist sich seiner selbst bewußt, eine Fähigkeit, die ihn von allen anderen Wesen unterscheidet. Dennoch kann er sich die gewaltigen Zeiträume nicht vorstellen, in denen sich die Entwicklung auf der Erde vollzog. Zur Veranschaulichung hat er sich deshalb die geologische Uhr ausgedacht. In diesem Modell ist das Alter der Erde extrem auf 24 Stunden gerafft, also einen einzigen Tag. Dem Homo sapiens, dem Vorfahren des heutigen Menschen, bleiben, umgerechnet auf das Alter der Erde, von diesem Tag gerade die letzten 20 Sekunden vor Mitternacht, das sind 120000 Jahre.

Sinnvolle Auslese oder willkürlicher Zufall?

Im Laufe der Jahrmillionen beschleunigte sich die Entwicklung des Lebens immer mehr und differenzierte sich immer weiter aus. Nach der Abstammungslehre oder Evolutionstheorie von Charles Darwin (1809-1882) entstanden alle Lebewesen aus andersartigen Vorfahren in direkter Zeugungskette. Entscheidend für die Entwicklung der Arten sind Mutation und Selektion, das heißt, höhere Lebewesen entwickelten sich aus primitiveren Formen durch zufällige, spontane Veränderung des Erbguts und natürliche Auslese. Darwin zufolge ist der Mensch Glied einer Entwicklungskette ohne biologische Sonderstellung und stammt von affenähnlichen Tieren ab. Dies war auch die letzte große historische Streitfrage zwischen Wissenschaft und Kirche, die Johannes Paul II. am 22.10.1996 offiziell ad acta legte. Seitdem bekennt sich die Kirche ebenfalls dazu, daß der Mensch nur ein Abkömmling aus dem Tierreich ist.

„Wir leben auf einem weitgehend unerforschten Planeten ... Wie viele Organismenarten gibt es auf der Erde? Wir wissen es nicht, noch nicht einmal die Größenordnung. Die Anzahl könnte bei 10 Millionen oder sogar bei 100 Millionen liegen."
Edward O. Wilson, Biologe der Harvard-Universität, 1992

Und was für ein zufälliger Abkömmling! Allerneueste Forscheraussagen stellen den Homo sapiens sapiens gar auf eine Stufe mit Käfern, Würmern und Insekten. Sie halten nichts von der Einteilung in höhere und niedere Lebewesen. Der traditionelle Stammbaum des Lebens, der uns allen noch aus dem Biologieunterricht bekannt sein dürfte, entspreche nicht der tatsächlichen Entwicklungsgeschichte. Besagter Schöpfungsbaum beginnt unten mit Algen und Bakterien, verästelt sich nach oben immer weiter und endet in der Krone mit dem Menschen. Der Mensch sei aber kein besonderes Erfolgsmodell und schon gar nicht das Endprodukt der Natur, sondern vielmehr ein Zufallsprodukt der Evolution, ebenso zufällig wie sein Bewußtsein. Eifrigster Verfechter dieser umstrittenen Sicht der Evolution ist der amerikanische Paläontologe und Schriftsteller Stephen Jay Gould, Professor an der Harvard University in Boston. In einem „Spiegel"-Interview (Nr. 10 vom 2.3.1998) kritisierte er, daß die meisten Menschen die Evolution immer noch als zielgerichteten, sinnvollen Prozeß betrachten, daß sie die Bedeutung der Selektion überbewerten und den Anteil zufälliger, willkürlicher Prozesse vernachlässigen. Gould: „Wir sind nicht mehr als eine einzige Art und treiben uns gerade mal ein paar hunderttausend Jahre hier herum. Bakterien haben zigtausend von Arten hervorgebracht, es gibt sie seit 3,5 Milliarden Jahren, und es geht ihnen blendend. Darin sind sie uns überlegen. ... Wir sind eben nicht so mächtig, wie wir meinen. Das Universum ist chaotisch und nicht immer wohlwollend, und wir sehnen uns verzweifelt danach, es möge anders sein. Also basteln wir uns Argumente dafür, alles habe einen Sinn, nämlich den, uns hervorzubringen, damit wir die Natur beherrschen können."

Das Leben ist wie eine brennende Kerze

Leben stützt sich auf die häufigsten Elemente unserer Erde, auf Kohlenstoff (C), Wasserstoff (H), Sauerstoff (O) und Stickstoff (N). Diese vier Urstoffe entsprechen den alten alchemistischen Elementen Feuer, Wasser, Luft und Erde. Setzt man sie der Strahlungsenergie einer Sonne aus, dann entstehen organische Moleküle – Leben entsteht. Über die Grundbausteine des Lebens herrscht in wissenschaftlichen Kreisen Übereinkunft, jedoch nicht darüber, was Leben an und für sich ist. Jeder versteht darunter etwas anderes. Jede Definition von Leben ist relativ und wird geprägt von der (beschränkten) Sichtweise des Definierenden, ob er nun Arzt, Physiker, Biologe, Chemiker, Neodarwinist, Astronom oder Geophysiologe ist. Selbst die Naturwissenschaftler untereinander konnten sich bisher noch auf keine einheitliche Definition von Leben einigen. „Die beste Definition für das Leben ist bisher – daß es lebt", stellt das Magazin „bild der wissenschaft" (Januar 1998) lakonisch fest. Etwas plastischer formuliert es der emeritierte Theologie-Professor Wolfhart Pannenberg: „Seit jeher wird das Leben mit einer brennenden Kerze verglichen. Und Wissenschaftler unserer Zeit haben festgestellt, daß dies nicht nur ein Bild ist, sondern ein Vorgang, der dem des Lebens ganz verwandt ist. Der amerikanische Biochemiker Jeffrey Wicken hat gesagt, das Leben sei so etwas wie ein Verbrennungsprozeß, denn der Organismus ist darauf angewiesen, Nahrung aufzunehmen und zu verbrennen. Und dieser Vorgang ermöglicht das Leben. Es ist also ganz ähnlich wie bei der Kerze. Bei dieser Verbrennung wird die Flamme erzeugt, die für uns auch das Bild des Lebendigen ist, und offenbar ist es mehr als ein Bild."

„Es ist ganz und gar ausgeschlossen, daß es eine Erde gibt, die ganz und gar tot ist. Das würde ihrem Begriff völlig widersprechen: Erde heißt Leben und Heimat von Leben – wie kann so etwas jemals tot sein?"
Giordano Bruno

Und wie steht es mit der Erde? Lebt die Erde auch? Ja, meint Elisabet Sahtouris, amerikanische Biologin und Schülerin von James Lovelock, denn die Erde sei ein selbstschöpferisches System, das sich selbst hervorbringe und sich auch selbst erhalte. Um seine Identität zu bewahren, müsse sich ein solches System permanent verändern

Leben gibt es selbst in der vermeintlich toten Wüste.

oder erneuern wie beispielsweise der menschliche Körper, der innerhalb von sieben Jahren die meisten seiner Zellen durch neue ersetze.
Auch die Erde erzeugt, verändert und erneuert ständig ihre vier Sphären (Seite 56 f.). Die Atmosphäre steht im Austausch mit der Strahlung aus dem Erdinneren und mit der aus dem All. Die Erde gibt Energie ab und nimmt Wärme von der Sonne auf. Die Erdkruste wandelt ununterbrochen ihr Aussehen. Alles wird recycelt und in den großen Kreislauf des Lebens eingebunden: Aus Lebewesen werden Steine, Felsen, fossile Brennstoffe. Jedes Ding bleibt energetisch erhalten; es verändert lediglich seine Erscheinungsform in Raum und Zeit.

Doch wo hört das Leben auf, und wo beginnt die Erde? Finden wir Leben nur auf oder unter der dünnen Erdkruste, in den tiefen Meeren und hohen Lüften? Oder ist unser Planet selbst ein gigantisches Lebewesen, das wir aus unserer bescheidenen Froschperspektive nur nicht ganz überschauen können, dessen Funktionen wir nur soweit wahrnehmen können, wie es unser menschlicher Erfahrungshorizont zuläßt?

Schwingen wir uns einmal in die Lüfte und betrachten aus der Vogelperspektive all die Fakten über die Erde, die wir bisher gesammelt haben: Ein Mosaiksteinchen liegt neben dem anderen, jedes schillert in einer anderen Farbe, schwingt in seiner eigenen Frequenz. Alle zusammen wirken zunächst chaotisch und ungeordnet. Doch auf einmal sehen wir – wie bei einem holographischen 3-D-Bild – das Ganze. Wir erkennen Strukturen, Muster und Formen, die alle zusammen ein wunderbares System miteinander und ineinander verwobener Regelkreise ergeben. Schauen wir noch etwas bewußter, realisieren wir, daß die einzelnen Regelkreise in lebhafter Beziehung zueinander stehen: Eines fließt ins andere im Sinne von *panta rhei* (griechisch „alles fließt"). Alles schwingt gleichsam in einem gemeinsamen Rhythmus in einem dynamischen Gleichgewicht – wie ein sich selbst steuerndes biokybernetisches Gebilde. Das Ganze ist mehr als die Summe seiner Teile! Die Gesamtheit der Erde ist weitaus mehr als die Summe ihrer vier Sphären. Denn das Ganze lebt!

Die Einheit von Erde und Leben

Betrachten wir das Raumschiff Erde mit den Augen eines Astronauten, nehmen wir staunend wahr: Die Erde lebt! Sie rotiert, pulsiert, atmet, bebt, grollt, sie weint und ruht. Erst wenige Wissenschaftler, allen voran der englische Biologe und Geophysiologe James Lovelock mit seiner Gaia-Theorie (Seite 62 ff.), sehen die Erde als einen einzigen großen Organismus und behandeln sie wie ein lebendes System, wie ein lebendiges Wesen. „Geophysiologie ist die Wissenschaft von lebenden Planeten", erläutert der Geomikrobiologe Wolfgang Krumbein von der Universität Oldenburg. Die Geophysiologie ignoriert die traditionelle Trennung von den Wissenschaften der Erde und des Lebens, die die Evolution der Gesteine und die Evolution des Lebens für zwei getrennte Wissenschaften hält. Sie versucht, beide miteinander zu verbinden, denn Leben und Erde befinden sich in einer Art Symbiose: Felsen, Meere, Luft und alles Leben – die vier Sphären der Erde (Seite 56 f.) – arbeiten an einem gemeinsamen Ganzen, das sich nach einem geheimnisvollen Gesetz der Selbstregulation im Gleichgewicht hält. Krumbein stellt fest: „Die Erde lebt, wächst, speichert, wandelt sich, so wie ein Baum, ein Tier, ein Mensch."

Lovelock vergleicht die Erde mit einem Mammutbaum, englisch Redwood (*Sequoia gigantea*) genannt. Diese gigantischen Urbäume aus der Familie der Sumpfzypressen stehen in Gruppen an der kalifornischen Küste, in der Sierra Nevada und anderen nordamerikanischen Landschaften. Sie gehören zu den ältesten, größten und schwersten Lebewesen der Erde. Ihr Stammdurchmesser erreicht eine Dicke von 12 bis 13 Metern, davon ist allein ihre Borke schon einen halben Meter dick. Sie haben unzählige Waldbrände, von denen tiefe, vernarbte Wunden an den Stämmen zeugen, überlebt.

Mammutbaum (Sequoia gigantea)

„An der Lebendigkeit des Baumes gibt es keinen Zweifel", schreibt Lovelock, „und doch besteht er zu 97 Prozent aus totem Holz. Die dünne Randschicht aus lebenden Zellen (das Kambium) gleich unter der Rinde macht die Lebendigkeit des Baumes aus und läßt ihn wachsen. So hat auch die

„Ja, die Erde lebt. Sie ist ein lebendiges Wesen, eine Spezies nicht ungleich Mikroorganismen, Pflanzen, Tieren. Dieses prächtige, runde, grüne, satte Lebewesen möchten wir mit dem Artnamen Terra sempervirens bezeichnen."
Wolfgang E. Krumbein und George Levit

Erde ihr ‚Kambium', die dünne Schicht des Lebens an ihrer Oberfläche. ... Ein Baum bewegt sich nicht von der Stelle und steht doch unaufhörlich im Austausch mit der Sonne und Erde. Licht, Wasser und Nährstoffe nutzend, wächst er und verändert sich."

Leben bedeutet Wachstum, Stoffwechsel, Veränderung, Dynamik und Energieaustausch mit der Umgebung. Es bedeutet, daß eine Vielzahl von Prozessen miteinander verknüpft sind und sich gegenseitig bedingen. Symbiose und Synergie heißen die Zauberworte. Das Prinzip des gegenseitigen Nutzens finden wir überall in der Natur, denn unsere Welt ist ein vernetztes System – „angefangen von der großen Symbiose zwischen Tier- und Pflanzenwelt (genauer zwischen Photosynthese und Atmung, die für den Kohlenstoffkreislauf auf diesem Planeten sorgt) über die bekannten Fälle des Zusammenlebens von Einsiedlerkrebs und Seeanemone, von Blattläusen und den sie ‚melkenden' Ameisen oder von uns selbst und unseren Darmbakterien, die von unserer Nahrung leben und dafür wichtige Vitamine liefern", faßt der deutsche Biochemiker Frederic Vester zusammen.

Gaia heißt Leben

„Es stimmt, daß Gaia nicht lebendig ist wie Sie oder ich. Sie kann keine Ziele verfolgen, sie kann sich nicht nach eigenem Willen bewegen oder sich vermehren. Aber das gilt auch für viele Bakterien. Sind die nicht lebendig? Und was ist mit Großmüttern, die keine Kinder mehr bekommen können, oder mit Pyramidenpappeln, die alle männlich und daher ebenfalls nicht vermehrungsfähig sind? Und wie steht es im größeren Maßstab mit Ökosystemen wie etwa Wäldern? Müssen wir sie, ganz gegen unseren Eindruck, für tot erklären?"
Aus „Gaia: Die Erde ist ein Lebewesen" von James Lovelock

Anfang der sechziger Jahre arbeitete James Lovelock an einem Forschungsprogramm der NASA, das der Frage nachging, ob es Leben auf dem Mars gibt. Anhand der Infrarot-, Ultraviolett- und Radiostrahlung, die vom Mars auf die Erde gelangt, untersuchte Lovelock mit seinem Kollegen Dian Hitchcock die Zusammensetzung der Atmosphäre auf Mars und Venus und verglich sie mit der auf der

Der Wald ist mehr als die Summe der Bäume. Im Ökosystem Wald finden vielfältige Wechselbeziehungen zwischen Atmosphäre, Boden und Leben statt, ein Miteinander und Füreinander von Pflanze, Tier und Mensch.

Erde. Die Forscher fanden heraus, daß auf Mars und Venus ein annähernd chemisches Gleichgewicht mit einem über 90%igen Anteil an Kohlendioxid herrscht, auf der Erde dagegen ein chemisch instabiles Gasgemisch aus 21 % Sauerstoff, 78 % Stickstoff und 0,03% Kohlendioxid. Das Besondere an der irdischen Mixtur an Gasen ist, daß sie über Jahrmillionen konstant blieb.

Und obwohl die Leuchtkraft der Sonne um 25 % zugenommen hat, hielt sich die Temperatur der Erdoberfläche die letzten 3,6 Milliarden Jahre auf einem lebensfreundlichen Niveau zwischen 15 und 35 °C. Auch der Salzgehalt der Meere liegt trotz ständiger Süßwassereinspeisung aus Flüssen und Binnengewässern zwischen 3 und 4%, ein für das Leben im Meer geradezu idealer Wert. Auch ist der Sauerstoffgehalt der Luft mit 21 % ein optimaler Wert zur Erhaltung von Leben. Summa summarum erfüllt die Erde ein Merkmal, das allen lebenden Systemen gemein ist: Homöostase (Gleichgewicht).

Ebenso wie der Körper seine Temperatur bei rund 37 °C hält, weiße und rote Blutkörperchen im richtigen Verhältnis sowie Salz- und Säurehaushalt im Lot bleiben, müsse es auch auf der Erde ein Steuerungssystem geben, das das Leben bewahrt, vermutet Lovelock. Er nimmt an, daß das Leben selbst sich seine lebenswerten Bedingungen schafft und erhält. Weil es entwicklungs- und lernfähig ist, kann es sich den ständig wechselnden Veränderungen in der Umwelt anpassen. Dadurch bewahrt es einen hohen Grad von innerer Ordnung, ein weiteres wichtiges Merkmal aller lebenden Systeme.

Anfangs formulierte Lovelock seine Idee, daß die Erde ein großes planetares Lebewesen mit einem selbstregulierenden Organismus sei, noch vorsichtig als Hypothese. Anfang der 70er Jahre gab der englische Schriftsteller und Nobelpreisträger William Golding (1911-1993), ein Nachbar Lovelocks, der Hypothese vom Superorganismus Erde den Namen Gaia (die Großbrüstige) – nach der griechischen Erd- und Muttergöttin. Gaia besitzt allerdings kein Bewußtsein, dafür eine Art Körperweisheit (englisch *body wisdom*), das heißt: Jeder Körper weiß, was gut für ihn ist, was er braucht, um am Leben zu bleiben. In jeder Zelle eines Lebewesens steckt diese „physiologische Intelligenz", wie der amerikanische Wissenschaftler Lewis Thomas sie nennt.

„Wenn wir die Welt als einen lebenden Organismus betrachten und uns als einen Teil davon – nicht als Eigentümer, Pächter oder gar Beifahrer –, dann könnten wir noch eine lange Zeit vor uns haben, und unsere Art dürfte die ihr ‚zugedachte' Zeitspanne überleben. Es kommt auf jeden von uns an, daß er persönlich in einer konstruktiven Weise handelt."
James Lovelock

Geophysiologie, die ganzheitliche Wissenschaft von der Erde

In den siebziger Jahren entwickelt Lovelock zusammen mit der amerikanischen Biologin Lynn Margulis seine Hypothese weiter und baut sie zur Gaia-Theorie aus. Sie untersuchen die Anatomie und Physiologie von Gaia und schaffen eine neue Wissenschaft, die Geophysiologie. Ganz ähnlich wie James Hutton, einer der Urväter der modernen Geologie im 18. Jahrhundert, betrachtet Lovelock Gaia als ein physiologisches System: „Wie die Physiologie sich einzelnen Organismen wie Pflanzen, Tieren und Mikroben von einem holistischen oder System-Ansatz her nähert, so ist die Geophysiologie die holistische Wissenschaft größerer lebendiger Systeme wie etwa der Erde. Geophysiologie ist eine ‚harte' und strenge Wissenschaft, die sich mit den Eigenschaften solcher größerer Systeme befaßt, etwa mit der Steuerung von Klima und Temperatur. Und sie ist die Basis einer empirischen Praxis, die ich Erdheilkunde oder Medizin für die ganze Erde nenne."

Die Gaia-Theorie und die neue Rolle des Menschen

In aller Kürze besagt die Gaia-Theorie folgendes: Die ganze Erde ist eine Biosphäre und sorgt für sich selbst. Sie ist ein evolutionäres, sich entwickelndes, selbstschöpferisches und selbstregulierendes, aber unbewußtes (Öko-)System, das sich wie ein lebender Organismus verhält, im Gleichgewicht hält und am Leben erhält.

Von vielen Naturwissenschaftlern wird die Gaia-Theorie gern als unwissenschaftliche, esoterische Spinnerei eines unorthodoxen Außenseiters abgetan. Nichtsdestotrotz erweiterte Lovelocks anfangs belächelte Theorie in den letzten 25 Jahren unsere (mechanistische) Sicht der Erde und prägte ein neues, ganzheitliches Weltbild. So umstritten die Gaia-Theorie immer noch ist, so stellt sie doch eine faszinierende tiefenökologische Sichtweise dar. Die Tiefenökologie sieht die Erde als ein lebendes System, in dem alles miteinander verbunden und voneinander abhängig ist. Der Mensch ist darin ein Teil im Netz des Lebens. Verstehen wir die Erde in diesem Sinne, verschwimmen die Grenzen zwischen Leben und Nichtleben. Die klassische, naturwissenschaftliche Definition von Leben, mit der die Gegner der Gaia-Theorie zu Leibe rücken, greift zu kurz. Um Gaia gerecht zu werden, ist es sinnvoller, Leben mit neuen Begriffen aus der Biokybernetik wie Selbstorganisation, Selbstregulation, Selbsterneuerung, Selbstheilung und Homöostase zu beschreiben.

„Ich werde in Zukunft fiction schreiben, vielleicht glaubt man mir dann."
James Lovelock

Der Mensch als Teil von Gaia

„Gott schuf also den Menschen als sein Abbild;
als sein Abbild schuf er ihn.
Als Mann und Frau schuf er sie.
Gott segnete sie und sprach zu ihnen:
Seid fruchtbar und mehret euch und
füllet die Erde und machet sie euch untertan,
und herrschet über die Fische im Meer und die Vögel des Himmels,
über das Vieh und alle Tiere, die auf der Erde sich regen."
Genesis I, 27-28

'Die Erschaffung des Menschen', kolorierter Kupferstich (1625/27) von Matthäus Merian dem Älteren.

Im biblischen Schöpfungsmythos wurde bereits vor über 2000 Jahren der Grundstein gelegt für das größte Mißverständnis zwischen Menschheit und Natur überhaupt: „Machet euch die Erde untertan!" Gott selbst also ermächtigte den Menschen und erhob ihn zum Herrscher und zur Krone der Schöpfung. Oder war das nur eine schlaue Erfindung der Kirchenfürsten? Gott als Allmächtiger und der Mensch als Gottes Kind auf der einen Seite, die Natur mit ihren Tieren und Pflanzen auf der anderen Seite, dem Menschen dienend. Eine künstliche Schöpfungshierarchie mit einem naturfernen, gar naturfeindlichen Gottesbild, das angesichts der heutigen Umweltkrise längst überholt und unverantwortlich ist. „Der Mensch kann die Krone der Schöpfung bleiben – wenn er weiß, daß er sie nicht ist", schreibt Carl Amery in „Die Botschaft des Jahrtausends". Der Aufruf „Machet euch die Erde untertan!" bezieht sich nicht nur auf das Verhältnis zwischen Mensch und Natur, sondern in einem tieferen Sinn auch auf das zwischen den Geschlechtern, zwischen Mann und Frau. Wie wir im ersten Kapitel erfahren haben, wurde die Erde in fast allen Kulturen als weibliche Gottheit verehrt. In übertragenem Sinn lautet dann der Satz: „Machet euch das Weibliche untertan!" Dieser patriarchalische Machtanspruch der jüdisch-christlichen Religion hat uns an den Rand des biologischen Kollapses gebracht. Der Mensch/Mann ist nicht die Krone der Schöpfung! Er ging als vorläufig letztes Glied der Schöpfung aus der Natur hervor und unterliegt wie alles andere auch den natürlichen Zyklen von Werden und Vergehen. Er wurde auf dieser Erde geboren, auf der er als Erdenbürger mit seiner Mitwelt und seinen Mitgeschöpfen, Tieren und Pflanzen, lebt. Die menschliche Spezies ist selbst Natur und Teil der Natur, Teil von Gaia. Daraus schließt der Erdheilkundler Lovelock: „Wenn wir uns als Teil eines gigantischen Organismus verstehen oder sogar als Ursache seines Bauchwehs, dann finden wir vielleicht zu einer Lebensweise auf Gaia, die angemessen und gesund ist." Wie eine solche Lebensweise in der Praxis aussehen kann, erfahren Sie im letzten Kapitel.

Teil des Ganzen

„Ein menschliches Wesen ist ein Teil des Ganzen, das von uns ‚Universum' genannt wird, ein Teil, begrenzt durch Zeit und Raum. Es erfährt seine Gedanken und Gefühle als getrennt von dem Rest – eine Art optische Täuschung seines Bewußtseins. Diese Täuschung ist eine Art Gefängnis für uns, das uns auf unsere persönlichen Wünsche und auf die Zuneigung zu den paar Personen, die uns am nächsten sind, beschränkt. Unsere Aufgabe muß sein, uns aus diesem Gefängnis zu befreien, indem wir unseren Kreis des Mitgefühls erweitern, um alle lebenden Wesen und die gesamte Natur in ihrer Schönheit zu umarmen."

Albert Einstein

„Die GAIA-Theorie besagt nichts anderes, als daß sehr bald nach der Entstehung unseres Planeten, also vor mindestens drei Milliarden Jahren, lebende Organismen in Wechselwirkung mit den zunächst leblosen Gegebenheiten unseres Planeten getreten sind, daß bereits in jener Dämmerzeit ein fließendes, aber Leben stabilisierendes und weiterentwickelndes Gleichgewicht entstand und daß diese Gegenseitigkeit von Leben und Lebensbedingungen in und mit der gesamten Biosphäre selbst zumindest etwas Ähnliches wie einen lebenden, ja denkenden Organismus hervorbringt."
Carl Amery

Ein Planet wird geplündert

Wenn Bäume sprechen könnten, wäre das ihr Aufruf.

„Die letzte Sekunde des kosmischen Jahres: Explosionsartige Ausbreitung neuer Techniken; Motorisierung, Elektrifizierung, Automatisierung; Mechanisierung und Chemisierung der Landwirtschaft; industrielle Massenproduktion, Raubbau an Rohstoffen; Bevölkerungsexplosion (1850: 1 Milliarde, 1930: 2 Milliarden, 1975: 4 Milliarden, 1988: 5 Milliarden); weltweite Boden-, Wasser- und Luftverschmutzung (‚Wegwerfgesellschaft'); massenhaftes Aussterben von Tier- und Pflanzenarten, erschöpfte Rohstoffquellen; Gefahr von atomaren, chemischen Katastrophen; Waldsterben, Treibhauseffekt, Ozonloch; rasche Klimaveränderung; weltweite Ökologiebewegung. Der Blick auf das planetarische Jahr zeigt: In den Wurzeln hängen alle Lebensformen zusammen und bilden gemeinsam das System Erde. Alle weitere Entwicklung hängt von jedem einzelnen Teilsystem ab. Heute auch von jedem einzelnen Menschen – jedem Erfinder, Politiker und jedem Konsumenten."
Aus „Im Namen der Natur" von Klaus Bosselmann

Anfang des 18. Jahrhunderts findet die erste industrielle Revolution mit Dampfmaschine und Fabriken statt. Seitdem nimmt das große Sterben in der Natur nachweislich verstärkt zu. Laut Ernst Ulrich von Weizsäcker werden „gegenwärtig pro Sekunde etwa 1000 Tonnen Erdreich abgeschwemmt und abgetragen; nimmt der Waldbestand der Erde pro Sekunde um vielleicht 3000 Quadratmeter ab; auf ein Jahr umgerechnet ist das mehr als Österreich und die Schweiz zusammen; rotten wir täglich vielleicht zehn oder sogar fünfzig Tier- oder Pflanzenarten aus; blasen wir pro Sekunde rund 1000 Tonnen Treibhausgase in die Luft."

Erdgeschichtlich gesehen, ist diese Entwicklung nichts Neues. Pflanzen- und Tierarten starben zu allen Zeiten aus, weil zum Beispiel Kontinente auseinanderdrifteten, Gletscher immer weiter vorrückten und das Land bedeckten oder das Klima sich gravierend änderte. Der amerikanische Paläontologe und Evolutionsforscher Niles Eldredge hat das Aussterben von Arten in Erdgeschichte und Evolution untersucht und eine „Theorie des Aussterbens" aufgestellt. Seiner Untersuchung zufolge kam es in den letzten 4,6 Milliarden Jahren sechsmal zu einem Massenaussterben unter den Lebewesen: das erste vor

Katastrophen unserer Zeit: Eine Reinigungsmannschaft versucht, die Schäden der Ölpest in Alaska zu beseitigen.

510 Millionen Jahren, gefolgt von fünf weiteren vor 439, 362, 245, 208 und 65 Millionen Jahren. Eldredges nüchterner Kommentar: „Wirklich massives, globales Aussterben ist ganz einfach eine Tatsache der Geschichte des Lebens. Vor allem durch den Untergang der Dinosaurier vor etwa 65 Millionen Jahren wurde die Öffentlichkeit wenigstens am Rande mit der Vorstellung vom Massenaussterben vertraut. Auch sind wir uns alle mehr oder weniger der Tatsache bewußt, daß Arten gerade heute mit einem alarmierenden Tempo verschwinden. Aussterben gehört in der heutigen Welt zum Leben."

Gut und schön, dann können wir ja so weitermachen wie bisher – oder? Ohne jemandem Zukunftsangst machen oder ein schlechtes Umweltgewissen einreden zu wollen, darf hier ebenso nüchtern angemerkt werden, daß wir uns mitten im siebten Massenaussterben befinden. Dieses unterscheidet sich von allen vorausgegangenen in einem wesentlichen Punkt: Zum ersten Mal in der Geschichte der Erde wird es von einem mit Bewußtsein und Intelligenz ausgestatteten Erdenbewohner mitverursacht, von der kosmischen Eintagsfliege Mensch. Der Publizist Franz Alt formuliert es drastisch: „Wir führen einen Dritten Weltkrieg gegen die Natur. Er wird mehr

Das Kunstwerk ‚Talking Silence' von Beate Schubert in Hermannsdorf versinnbildlicht das Leid der Menschen angesichts der berstenden Erde.

Todesopfer fordern als der Erste und der Zweite zusammen. Die meisten Opfer sind noch nicht geboren oder leben schon heute in der Dritten Welt." Der Politologe Geseko von Lüpke argumentiert eher mitfühlend aus der Sicht der Erde: „Den lebenden Planeten werden wir nicht töten, er hat schon größere Katastrophen überstanden als den Menschen. Doch empfindlich ist der Organismus Gaia. Er wird sich einfach verändern." Satellitenaufnahmen zeigen, was sich schon alles verändert hat: wachsendes Ozonloch über dem Südpol und der Antarktis, zunehmende Wüstenlandschaften, steigender Treibhauseffekt und beginnende Polschmelze. Bereits 1974 hatten amerikanische Wissenschaftler gemeldet, daß die Ozonschicht in der Stratosphäre durch das Wirken menschlicher Zivilisation in Gefahr geraten sei. Ohne Frage trägt zu diesen Veränderungen unser fahrlässiger Umgang mit den technischen Errungenschaften entscheidend bei.

Xokonoschtletl vom Volk der Azteken in Mexiko beschreibt in seiner bildhaften Sprache, wie die Menschen Mutter Erde ober- und unterirdisch zusetzen:

„Sie ziehen tiefe, unheilbare Narben
in das Gesicht von Mutter Erde,
denn sie bauen Autobahnen und Straßen.
Sie scheren Mutter Erde das Haar,
denn sie brennen die Büsche nieder
und schlagen die Wälder.
Ihre eisernen Vögel durchschneiden den Himmel,
und es regnet, wenn es nicht regnen soll.
Sie wühlen im Bauch meiner Mutter nach Erz,
die Winter haben sie warm gemacht.
Es ist eine große Verwirrung gekommen,
doch keiner von ihnen hört, wie sehr sie grollt."

Abschied von fossilen Brennstoffen

Die Menschen wühlen im Bauch von Mutter Erde nicht nur nach Bodenschätzen, wie zum Beispiel Eisenerz, Mangan, Gold und Edelsteinen, sondern auch nach fossilen Brennstoffen wie Erdöl, Erdgas, Torf, Braun- und Steinkohle. Diese für uns so selbstverständlichen Produkte, die wir verheizen, verfahren, verfliegen und verfeuern, sind die energetisch verdichteten Relikte von Lebewesen, die vor Jahrmillionen als Palm- oder Farnbäume, Dinosaurier oder Plankton leibhaftig auf unserer Erde lebten. Als fossile Brennstoffe lagern sie heute tief in der Erde und werden durch Bohrungen zutage gefördert. Fossile Energie deckt zu 90 % unseren Energiebedarf.

Seit der industriellen Revolution vor etwa 200 Jahren hat der Verbrauch fossiler Brennstoffe stark zugenommen. Nach Angaben des US-amerikanischen Worldwatch Institute verbraucht die Menschheit derzeit fünfmal soviel an fossilen Brennstoffen und dreimal soviel Wasser und Getreide wie noch vor 50 Jahren. Gleichzeitig ist der Kohlendioxidanteil (CO_2) an der Luft um etwa 30 % angestiegen. Warum? Kohlendioxid ist in fossilen Brennstoffen in Form von Kohlenstoff gebunden. Durch Verbrennungsvorgänge kehrt sich dieser Prozeß um: Kohlenstoff verbindet sich mit dem Sauerstoff der Luft wieder zu CO_2 und wird freigesetzt.

„Es ist nur eine Frage der Zeit, daß die Menschheit ihre Energietechnik erfolgreich an das eigentliche Räderwerk der Natur angeschlossen haben wird.“
Nicola Tesla (1856-1943), kroatischer Physiker

Was ist eigentlich Kohlendioxid? CO_2 ist ein Gas, das unbrennbar, unsichtbar und geruchlos ist und auf natürliche Weise bei der Atmung, Verwesung und bei Vulkanausbrüchen in die Atmosphäre entweicht. Kohlendioxid gehört also zu den elementaren Bestandteilen unseres Lebens. Unerwünscht große Mengen an CO_2 entstehen heute vor allem beim Verbrennen von Kohle, Gas oder Erdöl. Sie verstärken den natürlichen Treibhauseffekt, der für eine Jahresmitteltemperatur von ca. 15 °C sorgt, und führen zum künstlichen Treibhauseffekt, bei dem das Klima aufgeheizt wird. „Hält der gegenwärtige Trend an“, so die Prognose der Umweltschutzorganisation Greenpeace, „ist im Jahr 2025 mit einem durchschnittlichen Temperaturanstieg um 2,5 °C gegenüber der vorindustriellen Zeit zu rechnen. Die Folge sind weltweit zunehmende Naturkatastrophen und eine Gefährdung der Welternährung.“

80 % aller Treibhausgase, zu denen neben CO_2 auch die Fluorchlorkohlenwasserstoffe (FCKWs), Ozon, Lachgas (Distickstoffoxid)

und Methan (Sumpfgas) gehören, schleudern die Industrienationen in die Luft. Ihr hemmungsloser Verbrauch an diesen Energieressourcen – ein Mitteleuropäer oder US-Amerikaner verbraucht etwa hundertmal soviel Energie wie ein Inder oder Afrikaner – verschmutzt die Atmosphäre und schadet letztendlich allen Menschen und nachfolgenden Generationen.

Auf der anderen Seite schrumpfen die Vorräte an Erdöl, Erdgas und Kohle immer mehr und werden voraussichtlich im nächsten Jahrhundert ausgeschöpft sein. Die leicht erreichbaren Lagerstätten sind schon heute ausgebeutet, und die Erschließung tiefer liegender Lagerstätten wird immer teurer. Allerhöchste Zeit, umzudenken und energiebewußt zu handeln, sowohl politisch als auch individuell. Denke global – im Sinne der weltweiten Umweltpolitik heißt das erdumspannend –, handle lokal!, lautet das dringliche Motto für das nächste Jahrhundert bzw. Jahrtausend. Die amerikanische

Um den Verbrauch fossiler Brennstoffe zu reduzieren, sollten die wohlhabenden Nationen auf erneuernde Energien wie zum Beispiel Sonne umsteigen.

Was können wir tun?
Worldwatch Institute und Greenpeace geben Tips

Die Menschheit zerstöre die Erde, wenn sie ihre Lebens- und Produktionsweise nicht rasch auf umweltverträgliche Bahnen lenke, mahnte Worldwatch-Präsident Lester R. Brown bei der Vorstellung seines Berichts zur Lage der Welt Anfang 1998. Die wohlhabenden Nationen Europas, Nordamerikas und Asiens müßten stärker auf Wind- und Sonnenenergie setzen und weitaus weniger auf fossile Brennstoffe. Die Umweltforscher aus Washington fordern eine weltweite Steuerreform, eine höhere Besteuerung des Ausstoßes von Kohlendioxid und der Nutzung von Rohstoffen sowie sonstigen „umweltschädlichen" Verhaltens. Im Gegenzug müßten Einkommen-, Gewerbe- und Umsatzsteuern gesenkt werden. Außerdem müsse das Bevölkerungswachstum stark reduziert werden. Andernfalls würden bis zum Jahr 2050 etwa 9,4 Milliarden Menschen auf der Erde leben, 3,5 Milliarden mehr als heute. Dies würde die „Tragfähigkeit" des Planeten weit übersteigen. (TAZ, die tageszeitung, vom 12.1.1998)
Für den langfristigen Ausstieg aus den fossilen Brennstoffen Erdöl, Gas und Kohle setzt sich auch Greenpeace ein. Fossile und atomare Energieträger dürften nicht länger mit Steuergeldern subventioniert werden, statt dessen solle eine ökologische Steuerreform, eine „Ökosteuer", eingeführt werden. Die Förderung und der Ausbau erneuerbarer Energien wie Sonne und Wind müßten auf EU-Ebene und in Deutschland verstärkt werden.

„Meine Worte sind wie Sterne, sie gehen nicht unter. Jeder Teil dieser Erde ist meinem Volk heilig, jede glitzernde Tannennadel. Jeder sandige Strand, jeder Nebel in den dunklen Wäldern, jede Lichtung, jedes summende Insekt ist heilig, in den Gedanken und Erfahrungen meines Volkes. Der Saft, der in den Bäumen steigt, trägt die Erinnerung des roten Mannes."
Häuptling Seattle

(öko-feministische) Theologin Rosemary Radford Ruether warnt: „Die Zeit für wichtige Veränderungen ist knapp, wenn wir noch einen großen Teil des biotischen Systems der Erde retten wollen. Das Worldwatch Institute schätzt, daß uns noch etwa vierzig Jahre (bis 2030) zur Verfügung stehen, um freiwillig diese Veränderungen durchzuführen."

Regenwälder und Meere – die grünen Lungen der Erde

Die eingeborenen Indianerstämme leben und ernähren sich im Regenwald noch im Einklang mit der Natur.

Zum biotischen System der Erde gehören die immergrünen, tropischen Feucht- oder Regenwälder, die in einem Gürtel entlang des Äquators liegen. Es regnet dort fast das ganze Jahr hindurch etwa viermal soviel wie durchschnittlich in Deutschland. Neben ihrer großen wirtschaftlichen Bedeutung haben die Feuchtwälder einen unschätzbaren ökologischen Wert: Sie wirken wie eine grüne Lunge der Erde, indem sie der Atmosphäre Kohlendioxid (CO_2) entziehen und dabei Sauerstoff (O_2) freisetzen. Dieser Sauerstoff wird für den ständig stattfindenden Abbau von Biomasse wieder verbraucht. Der Sauerstoffgehalt der Erde nimmt dadurch zwar nicht zu, doch die Atmosphäre wird auf ganz natürliche Art recycelt und das Klima stabil gehalten.

In den Regenwäldern leben meterhohe, breitblättrige Bäume symbiotisch mit kleinen und kleinsten Bodenlebewesen, vor allem Pilzen, Flechten, Bakterien, Termiten, Ameisen, Würmern, Milben, Käfern, Tausendfüßern und Insektenlarven. Hunderte von Pilzarten zersetzen tote Biomasse und machen sie für Pflanzen wieder verfügbar. Fast alles wird in einem fein abgestimmten Netz von Nährstoffkreisläufen verwertet, recycelt und zirkuliert in der Biomasse. Die Sonne in Äquatornähe brennt fast senkrecht auf die Wälder herunter. Sie scheint durch das dichte Blätterdach der Bäume und läßt die Feuchtigkeit verdunsten. Aus dem Dampf bilden sich Wolken, die als Regen über Wald und Land wieder niedergehen.

Schätzungsweise zwei Drittel aller Tier- und Pflanzenarten der Erde, darunter 80 % aller Insektenarten und 90 % aller Affenarten sind in den tropischen Wäldern zu Hause. Dort wachsen auch die Wildformen vieler bei uns bekannter Kulturpflanzen. Der Wald versorgt die eingeborenen Indianerstämme mit fast allem, was sie zum Leben brauchen, mit Knollen, Früchten, Palmherzen, Wildtieren, Bienenhonig, Pilzen, Medizinpflanzen, Baumaterial und Giftstoffen zum Jagen. Von dem Artenreichtum und den (Nahrungs-)Ressourcen der Regenwälder leben aber auch die Menschen in den Industriegesellschaften: 98 % unserer Nutzpflanzen sind tropischen Ursprungs. Viele natürliche Grundstoffe für Arzneimittel – zum Beispiel Antibabypille, Narkotika, Krebsmedikamente – stammen von tropischen Pflanzen.

„Die Zerstörung der Tropenwälder mit ihren weitreichenden Folgen stellt eine Bedrohung der Zivilisation dar, die nur noch durch die eines Atomkrieges übertroffen werden könnte. Sie ist das dringendste globale Umweltschutzproblem unserer Zeit."
Wolfgang Engelhardt, Stiftungsratsvorsitzender von Oro Verde

Leider nimmt die Waldzerstörung in tropischen Schwellen- und Entwicklungsländern heute in einem erschreckenden Ausmaß zu. Dafür gibt es viele Gründe: Um (über-)leben zu können, brennen oder holzen die Menschen dort jede Minute mindestens 125000 m^2 Regenwaldes ab. Auf dem kargen Erdboden pflanzen sie Plantagen mit Monokulturen an, die sie als billige Exportfrüchte an die Industrieländer verkaufen. Einmal abgeholzte Tropenwälder sind jedoch unwiederbringlich verloren, denn die lebenswichtigen Nährstoffe stecken nicht im Boden, sondern im Wald selbst. Durch die Brandrodung gelangt noch mehr CO_2 in die Luft. Nach einer meist kurzen landwirtschaftlichen Nutzung ist die oft dünne Bodenkrume ungeschützt Wind und Wasser ausgesetzt und wird abgetragen, sie erodiert. So gehen jedes Jahr 200000 km^2 der kostbaren Regenwälder, etwa die Hälfte der Fläche Deutschlands, verloren. Viele Tiere und Pflanzen verlieren ihren Lebensraum oder sterben aus, Jahr für Jahr schätzungsweise 50000 Tier- und Pflanzenarten. Die klimatischen Folgen werden über kurz oder lang auch in Europa zu spüren sein: Temperaturen und Meeresspiegel werden rascher ansteigen und Stürme häufiger und stärker auftreten.

Enorm wichtig für das Klima der ganzen Erde sind auch die drei Weltmeere, der Pazifische oder Stille Ozean, der Atlantik und der Indische Ozean. Sie bedecken zwei Drittel der Erdoberfläche und sind der größte Lebensraum und fruchtbarste Nahrungsspeicher des Globus. Hier herrscht ein wunderbares Zusammenspiel zwischen Salzwasser, darin lebenden photosynthetisierenden Bakterien und Algen, Niederschlägen, Verdunstung und Wolkenfeldern. Wie in den Regenwäldern die (mikroskopisch) kleinen Bodenlebewesen, so haben in den Meeren die kleinsten Lebewesen, die planktischen Algen, eine bedeutsame Funktion: Sie produzieren Dimethylsulfid (DMS), ein Spurengas, das für die Wolkenbildung über den Ozeanen wichtig ist. Die weißen Wolken wiederum absorbieren die Sonnenstrahlung, wodurch die Erde auf eine lebensfreundliche Temperatur zwischen 14 und 20 °C abgekühlt wird.

„Erst wenn der letzte Baum gefällt, der letzte Fluß vergiftet und der letzte Fisch gefangen ist, werdet ihr merken, daß man Geld nicht essen kann."
Prophezeiung der Cree-Indianer

Das pflanzliche Plankton im Meer, das Phytoplankton, trägt wesentlich dazu bei, das atmosphärische Gleichgewicht auf der Erde aufrechtzuerhalten: den Kohlendioxidgehalt der Luft bei 0,03 % und den Sauerstoffgehalt bei 21 %. Meeresalgen gleichen das Klima aus, zersetzen unsere Abwässer und geben uns die Luft zum Atmen. Täglich produzieren sie etwa ein Drittel des Sauerstoffs der Erdatmosphäre.

Verschiedene Gruppen von Meeresalgen, insbesondere die Kieselalgen (Diatomeen) in den oberen, von Sonnenlicht durchfluteten Wasserschichten, schlucken das Kohlendioxid an der Meeresoberfläche und bauen damit ihre Schalen und Skelette. Sterben die Algen, sinken ihre winzigen Schalen auf die Meeresböden und bilden Kalksteinablagerungen, die – so die neueste Theorie – die treibende Kraft für die Verschiebung der Erdplatten sind.

Nicht nur die Regenwälder, auch die Meere sind sehr bedroht. Laut Greenpeace listete die US-amerikanische Akademie der Wissenschaften in einer Studie vom April 1995 „die Fischerei als größte Bedrohung der marinen Artenvielfalt auf. Erst danach folgt die Verschmutzung der Meere mit Chemikalien und Radioaktivität." Überfischte und verseuchte Meere – ist das der Preis für das Überleben der menschlichen Spezies?

Regenwälder und Meere sind zwei natürlich gewachsene, autarke Ökosysteme auf unserem Planeten. Sie stellen die ältesten und größten Lebensräume für kleine und große Lebewesen, für Flora und Fauna, dar. Sie repräsentieren gewaltige Regelkreisläufe unserer Biosphäre, steuern das globale Weltklima und erhalten das Gleichgewicht in der Natur. Diese empfindlichen und hochsensiblen Ökosysteme samt ihren Bewohnern – Menschen, Tieren und Pflanzen – zu schützen ist unser aller Aufgabe, denn von ihrem Bestand und ihrer Gesundheit hängt nicht nur unsere Gesundheit, sondern auch unsere Existenz ab. Wie Sie die Tropenwälder und unsere einheimischen Wälder schützen können, erfahren Sie bei den im Anhang genannten Organisationen (siehe Seite 125).

Algen produzieren rund ein Drittel des Sauerstoffs unserer Erdatmosphäre und gleichen damit das Klima aus.

Gesund leben im Einklang mit Mutter Erde

Im Einklang mit Mutter Erde zu leben heißt, sich eins zu wissen und zu fühlen mit der Mitwelt und Mitkreatur und sich dieser gegenüber verantwortungsbewußt zu verhalten. Das ist nicht immer leicht, denn in unserem alltäglichen Leben verlieren wir zuweilen den Boden unter den Füßen. Indem wir mit allen unseren Sinnen Verbindung mit dem Körper von Mutter Erde aufnehmen, erden wir uns wieder. Gaia verhilft uns dazu, den Weg in die eigene Mitte hin zum inneren Gleichgewicht zu finden. Damit wir eins mit uns selbst und mit unserer Erdenmutter sind.

An einem solch bezaubernden Gartenplatz fühlt man sich als Teil der Natur und Mutter Erde ganz nahe.

Wie vertraut sind Sie mit Erde und Boden?

„Die Erde schenkt uns mehr Selbsterkenntnis als alle Bücher, weil sie uns Widerstand leistet. Und nur im Kampf findet der Mensch zu sich selber. Aber er braucht dazu ein Werkzeug, einen Hobel, einen Pflug. Der Bauer ringt in zäher Arbeit der Erde immer wieder eines ihrer Geheimnisse ab, und die Wahrheiten, die er ausgräbt, sind allgültig."
Antoine de Saint-Exupéry

Mal Hand aufs Herz, was assoziieren Sie alles mit dem Begriff „Erde"? Nur Grund und Boden, ein immobiles Spekulationsobjekt oder noch mehr? Was bedeutet Ihnen Erde? Bei welcher Gelegenheit haben Sie das letzte Mal Erde berührt, mit ihr gearbeitet, sie gefühlt, gerochen oder gar geschmeckt? Wie erdbezogen meinen Sie zu sein? Wieviel Bodenkontakt haben Sie? Stehen Sie mit beiden Beinen auf der Erde, auf dem Boden (der Tatsachen)? Wissen Sie, wie Sie sich wieder erden, wenn Sie einmal nicht geerdet sind?

Erde kann, wenn man sie bewußt wahrnimmt und sich auf sie einläßt, ein sehr sinnliches Element sein. Sie kann trocken oder feucht, kalt oder warm, fein- oder grobkörnig, weich oder hart sein und gut oder unangenehm riechen. Erde können Sie mit Ihren Händen spüren: beim Graben im Garten, beim Umtopfen einer Pflanze oder beim Töpfern. Sie können sie mit Ihren Füßen beim Barfußlaufen fühlen. Jede Pore Ihres Körpers kann sie beim entspannten Liegen auf warmem Sand oder einer Wiese einatmen und genießen.

Viele Menschen denken bei Erde meist auf Anhieb an Dreck und – viel schlimmer noch – an Krankheit, vielleicht weil es ihnen schon als Kind so vermittelt wurde. Sind sie früher auf den Erdboden gefallen oder begeistert durch Schlamm gestiefelt, wurden sie gleich beschimpft: „Igittigitt, du kleiner Dreckspatz hast dich wieder schmutzig gemacht. Das müssen wir gleich abwaschen, damit du nicht krank wirst!"

Herbstlich helles Leuchten in der Natur.

Vielen fehlt heute einfach der direkte Kontakt zur und mit der Erde, weil sie den ganzen Tag überwiegend mit Kopf und Hirn, also geistig, arbeiten. Wenn sie dann auch noch ihre Freizeit ausschließlich mit Denken und/oder Lesen verbringen, keinen Sport treiben, keine Gartenarbeit verrichten und nicht in die Natur gehen, geht über kurz oder lang die Beziehung zum Erdigen und damit auch zum Körperlichen verloren. Als Folge kann es zur Entwurzelung und Entfremdung zwischen Geist und Körper kommen, was sich in seelischer Mißstimmung, übler Laune oder diffusen, nervösen Symptomen äußert.

Doch wo liegt die Balance? Ein Stadtmensch, der die Natur ausschließlich durch sporadische Ausflüge ins Umland erfährt und seine Lebensmittel nur aus dem Supermarkt bezieht, ist wohl weniger sen-

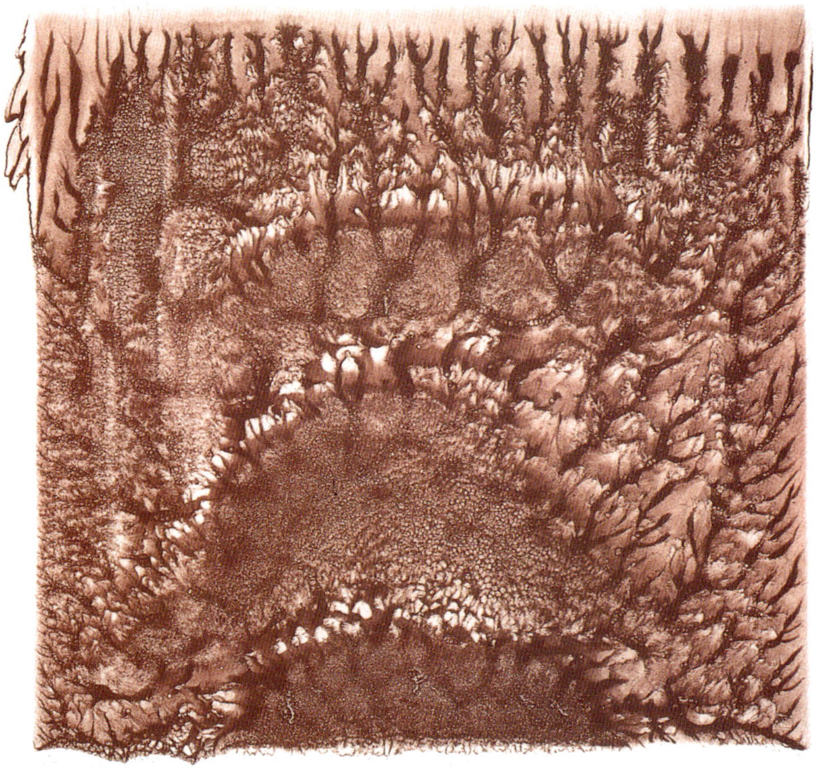

Ekkeland Götze, Atlantis-Projekt: Terragrafie Nr. 158, Santorin, Megalo Vouno, 800.000 bis 600.000 Jahre alte Erde. Terragrafie ist ein künstlerisches Konzept von Ekkeland Götze, dessen Abschluß ein vollständiges Abbild der Erde sein wird. Um sich diesem Bild anzunähern, wird innerhalb klar definierter Einzelprojekte Erde von unterschiedlichen Orten der Erde gewonnen. Diese reine, nicht manipulierte Erde wird in einem grafischen Verfahren unter immer gleichen technischen Bedingungen auf Papier gedruckt.

sibilisiert für die Belange von Erde und Boden als ein Landmensch. Wer auf dem Dorf aufwächst, kann die Zyklen der Jahreszeiten auf den Feldern unmittelbar miterleben, den Duft in der Luft im Frühling, Sommer, Herbst und Winter riechen, die Farbnuancen der Bäume und Wälder im jahreszeitlichen Ablauf wahrnehmen, Früchte und Gemüse im Boden eigenhändig anpflanzen, sie gießen und pflegen, sie keimen und wachsen sehen, sie ernten und verzehren. Unmerklich wird er in den Zyklus der Natur eingebunden, sein Lebensrhythmus wird sich dem der Natur mehr und mehr angleichen. Ganz von allein wird er ein Urvertrauen entwickeln, das ihn im schöpferischen Werden und Vergehen des ewigen Wandels aufgehoben sein läßt.

Menschen, die sich und ihr Leben bewußt in den Dienst von Mutter Erde stellen, sind meist sehr gläubig und/oder spirituell. Sie empfinden sich in ihrem Menschsein als Teil der Natur und mit allen anderen Lebewesen verbunden. Oft müssen sie gegen den Strom der wissenschaftlich-rationalen Vernunft anschwimmen und brauchen viel Energie dafür. Sie erhalten sie durch die Kräfte der Erde selbst, indem sie sich in die unberührte Natur begeben – in die Berge, Wälder, Wüsten, an Seen, Flüsse und Meere. Oder sie erden sich durch regelmäßiges (Barfuß-)Gehen (siehe Seite 95), Walking oder Laufen (siehe Seite 117 f.) und nehmen über die Füße Kontakt mit der Erde auf. Oder sie bewirtschaften ein Stück Land nach umweltschonenden Kriterien, legen einen Garten an und kümmern sich um Wachstum und Pflege von Blumen, Gemüse, Kräutern und Obst (siehe Seite 86 ff.). Vielleicht können sie auch subtile Energien in der Natur wahrnehmen und mit Wesenheiten in Bäumen, Steinen, Felsen, Quellen und Flüssen Kontakt aufnehmen, so wie es der slowenische Bildhauer, Erd- und Landschaftsheiler Marko Pogaènik in verschiedenen Regionen Europas praktiziert.

Der vergessene Boden lebt!

„Es gibt in der Natur keinen wichtigeren, keinen der Betrachtung würdigeren Gegenstand als den Boden! Er allein ist es, welcher das zahllose Heer der Wesen erzeugt und ernährt, auf welchem die ganze belebte Schöpfung und Existenz letztendlich beruhen."
Friedrich Albert Falou, 1862

Machen wir uns Gedanken über den Schutz unserer Umwelt, so denken wir an alles mögliche, an die Luft, das Wasser, den Wald, bedrohte Tier- und Pflanzenarten, doch dem Erdboden schenken wir kaum Beachtung. Alle Welt spricht von Klimaveränderungen, El Niño ist in aller Munde, aber über Bodenprobleme erfahren wir nur wenig. Es scheint, als hätten wir den Boden vergessen, auf und von dem wir leben. Wir bauen unsere Häuser und Straßen darauf und deponieren unseren Wohlstandsmüll unter dem Boden, damit Gras darüber wachse.

Unter unseren Füßen im Erdreich verbirgt sich ein wahrer Mikrokosmos an Leben, der erst fruchtbaren Mutterboden schafft. Von den Pflanzen, die er hervorbringt, ernähren sich Menschen und Tiere. Etwa 6000 km mißt unsere Erde bis zu ihrem Mittelpunkt, doch nur in der obersten, rund 30 cm dünnen Humusschicht des Bodens spielt sich das kleinste, aber wichtigste Leben auf unserem Planeten ab.

Böden sind die Haut der Erde und allen Einflüssen von oben und unten ausgesetzt. Böden sind über lange Zeiträume entstanden. Jeder Boden hat seine eigene Geschichte, seine Beschaffenheit und Struktur erzählen von seiner Vergangenheit und Entwicklung. Böden sind komplexe und empfindliche Ökosysteme, die einer Vielzahl von

Kleinsttieren und Mikroorganismen als Lebensraum dienen. Erst mit der Erfindung des Mikroskops entdeckten im 19. Jahrhundert Wissenschaftler, wie der deutsche Chemiker Justus von Liebig (1803 bis 1873) und der französische Mikrobiologe Louis Pasteur (1822-1895), die verborgene, dicht besiedelte unterirdische Welt: Pflanzen durchziehen sie mit ihren Wurzeln wie ein Netzwerk, überall wuselt, kreucht und fleucht es. „In einem Gramm Boden leben rund 10000 Mikroorganismen-Arten. Nur ein bis zehn Prozent dieser Organismen sind bekannt und wurden im Labor kultiviert", so das GSF-Forschungszentrum für Umwelt und Gesundheit in Neuherberg bei München.

Winzige Kothäufchen von Regenwürmern, die unter der Lupe oder dem Mikroskop wie turmartige Termitenbauten aussehen, machen den Boden krümelig und sind der beste natürliche Dünger. Durch ihr „Pflügen" lockern, lüften und durchmischen die Würmer den Boden und versorgen ihn mit Sauerstoff. Bereits in der Antike galt der Wurm als Magen und Verdauungsorgan der Erde. Kleopatra ließ ihn gar als heiliges Tier verehren und schützen. Charles Darwin schrieb 1882 in seinem Buch „Die Bildung der Ackererde durch die Thätigkeit der Würmer": „Die Regenwürmer haben in der Geschichte der Erde eine bedeutungsvollere Rolle gespielt, als die meisten auf den ersten Blick annehmen dürften." 100 Jahre vor Darwin hatte schon ein anderer englischer Naturforscher, Gilbert White, auf die Funktion dieser Spezies hingewiesen: „Würmer scheinen die größten Förderer der Vegetation zu sein, indem sie den Boden durchlöchern und lockern, ihn für Regen und Wurzeln aufnahmefähig machen. Sie ziehen Pflanzenfasern in Form von Stroh, kleinen Ästchen und Blättern in ihn hinein. Und vor allem werfen sie eine Unzahl kleiner Erdhügel auf, die ihre Exkremente beinhalten, was einen wunderbaren Dung für Getreide und Gras abgibt. ... Eine Erde ohne Würmer würde eine kalte, harte Erde sein, ohne jede Fermentation und damit völlig steril."

Regenwürmer halten durch ihr intensives Wühlen den Boden locker und produzieren fruchtbaren Humus.

Für den Landwirt stellen Regenwürmer im Ackerboden eine Art Barometer für dessen Fruchtbarkeit dar: Je mehr Regenwürmer, um so gesünder, humushaltiger und ertragreicher die Erde. Also hat jedes noch so kleine und unscheinbare Tierchen unter der Erde, wie Ameise, Milbe, Fadenwurm oder Springschwanz, aber auch jedes größere, wie Schnecke, Tausendfüßer, Maus oder Maulwurf, seine sinnvolle Aufgabe. Sie alle arbeiten unermüdlich, graben, wühlen und zerkleinern tote Pflanzen und Tiere, die dann von Bakterien und Pilzen in fruchtbaren organischen Humus umgewandelt werden.

Böden sind vergleichbar mit dem Darm. Das Leben sitzt im Darm ebenso wie im Boden. Die Darmzotten greifen in den Speisebrei, wie die Mikroben die Erdschichten durchforsten. Ohne dieses rege Leben unter der Erde gäbe es keinen Boden, nur Geröll auf einem leblosen Planeten.

Bodenkonvention zum Schutz von Böden und Leben

„National und international ist das Umweltmedium Boden sehr lange übersehen worden. Es ist gut, daß wir jetzt national ein Bodenschutzgesetz machen. Es ist unumgänglich notwendig, daß man dies auch international weiterverfolgt."
Klaus Töpfer in einem Interview mit Martin Urban, SZ vom 22.1.1998

Die Böden der Erde sind eine begrenzte und bedrohte Ressource. Nur 22 % der Landfläche sind landwirtschaftlich nutzbar. Durch nicht nachhaltige Landnutzung ging allein in den letzten 40 Jahren weltweit nahezu ein Drittel der landwirtschaftlichen Nutzfläche verloren. Experten sprechen von Degradation und meinen damit, daß sich durch Kahlschlag, Wasser- und Winderosion, Auswaschung und Auslaugung, Überweidung und Versalzung etc. die Bodenqualität verschlechtert und die Fruchtbarkeit der Böden abgenommen hat. Bis sich solche Böden wieder regeneriert haben, brauchen sie Jahrzehnte, wenn nicht sogar Jahrhunderte oder Jahrtausende.

Der Trend hält unaufhaltsam an: Die Weltbevölkerung wächst jedes Jahr um 100 Millionen Menschen, derzeit leben etwa sechs Milliarden Menschen auf der Erde. Die Verstädterung nimmt zu, im Jahr 2000 wird jeder zweite in städtischen Ballungszentren wohnen. Im Jahr 2030 sollen bereits doppelt so viele Menschen in Städten wohnen wie auf dem Land. Auf immer weniger minderwertigen Ackerflächen muß ständig mehr Nahrung produziert werden. Die Erde wird immer mehr zugepflastert, zubetoniert und „versiegelt", so daß sie bald kaum noch atmen kann. Doch als ein lebender Organismus muß unsere Erde atmen ebenso wie alles, was in und auf ihr lebt.

Um die fortschreitende Zerstörung der Böden zu stoppen, haben die Evangelische Akademie Tutzing und die Schweisfurth-Stiftung in München mit Unterstützung zahlreicher Fachleute den weltweit ersten Vorschlag für eine international verbindliche Bodenkonvention ausgearbeitet, die auch von namhaften Wissenschaftlern und Naturschutzverbänden getragen wird. „Ziel dieses Übereinkommens ist der nachhaltige Umgang mit allen Arten von Böden durch alle Staaten der Erde zur Erhaltung aller Bodenfunktionen", sagte Karl Stahr, Präsident der Deutschen Bodenkundlichen Gesellschaft, in seinem Vortrag bei der Schweisfurth-Stiftung am 16. 2.1998. Besonderes Augenmerk sei dabei auf die Erhaltung der biologischen Vielfalt in den Böden zu richten (Kontaktadresse siehe Seite 125).

Nachhaltiger Umgang, nachhaltige Entwicklung (englisch *sustainable development*) – diese Schlüsselworte ziehen sich durch alle aktuellen Umweltschutzthemen. Was bedeuten sie? Nachhaltig ist ein System stets dann, wenn nicht mehr nur ökonomisches Wachstum, also wirtschaftlich-quantitative Vermehrung, im Vordergrund steht, sondern Entwicklung, also qualitative Verbesserung. Und die beginnt bekanntlich am nachhaltigsten zuerst bei und in jedem einzelnen Menschen mit bewußter Veränderungsarbeit, mit persönlicher Wandlung und geistigem Wachstum. Angesichts der Tatsache, daß bereits viele Ackerböden mit Kunstdünger und Pestiziden verseucht sind, ist ein Umdenken in der Landwirtschaft dringend notwendig. Denn ähnlich wie Antibiotika die Darmflora angreifen, zerstört Chemie die Bodenflora. Der Boden verarmt, Getreide und Gemüse enthalten dann kaum noch natürliche Mineralien und Spurenelemente.

Zukünftiges Ziel zur Erhaltung aller Bodenfunktionen muß der nachhaltige Umgang mit allen Arten von Böden auf der ganzen Welt sein.

Als Konsequenz folgt: Kranke Böden – kranke Tiere und Menschen. Oder der Umkehrschluß: Wir sind so gesund bzw. so krank wie unsere Böden. Nur ein Beispiel für diese Analogie: Der Säuregrad im Boden nimmt zu – fast alle kranken Menschen haben einen übersäuerten Organismus.

Nachhaltige Landwirtschaft heißt deshalb, daß der Mensch behutsam statt durch (übermäßig viel) Chemie und Technik in die natürlichen Abläufe des Bodens, der Erde, eingreift, was in der Permakultur bereits erfolgreich praktiziert wird.

Mit Permakultur in Harmonie mit der Natur leben und arbeiten

„Permakultur ist, kurz gesagt, eine Philosophie der Arbeit und des Lebens mit anstatt gegen die Natur, mit langandauernden und durchdachten Beobachtungen anstatt langweiliger und unüberlegter Arbeit. Die Betrachtung von Pflanzen und Tieren in all ihren Funktionen steht im Vordergrund, statt ganze Gebiete als Produzenten von Einzelprodukten zu betrachten."
Bill Mollison, australischer Begründer der Permakultur

Permakultur – das Wort kommt aus dem Englischen von *permanent agriculture* und bedeutet dauerhafte oder **perma**nente Agri**kultur** – ist ein ganzheitliches Konzept für nachhaltiges Leben und Arbeiten, das sich von Australien ausgehend über die ganze Welt ausgebreitet hat. Ursprünglich beschränkte sich Permakultur auf die Landwirtschaft, beinhaltet heute jedoch viele andere „dauerhafte menschliche Lebensräume" (Patrick Whitefield) wie Architektur, Stadtplanung, Wasserversorgung, Abwasserreinigung und Handels- und Finanzsysteme. Bleiben wir beim Beispiel Landwirtschaft, denn die meisten Biogärtner im deutschsprachigen Raum kennen Permakultur noch nicht und können sich darunter kaum etwas vorstellen. Und wie sagte Aristoteles so schön: „Wir können nicht ohne Vorstellung denken."

Was also ist Permakultur? In der Permakultur sucht der Mensch den Dialog mit der Natur: Er beobachtet ihre Wirkungsweise, nimmt sie als Vorbild für das eigene Handeln und ordnet sich ein in ein System sich selbst regulierender ökologischer Kreisläufe zusammen mit Tieren, Pflanzen und Boden. Permakultur ist im Grunde nichts Neues. Ihre beiden Entdecker, die Australier Bill Mollison und David Holmgren, schauten sich die Prinzipien von den Aborigines, den australischen Ureinwohnern, ab und veröffentlichten 1978 ihr Buch darüber. Permakultur setzt voraus, daß man (wieder) in natürlichen, runden Kreisläufen denkt. Das ist leichter gesagt als getan, denn wir sind es gewohnt, unsere Welt einzuteilen, zu klassifizieren und (viereckig) zu gestalten: Häuser, Türen, Bücher, Autos, Monitore und sogar Geldscheine – alles ist eckig.

Ein Blick in die Natur zeigt uns jedoch, daß dort das runde, zyklische, spiralförmige Prinzip vorherrscht. Bäume wachsen – gut erkennbar an den Jahresringen – rund in konzentrischen Kreisen. Wasser bewegt sich in einem dauernden Kreislauf um die nahezu runde, rotierende Erde, währenddessen es lediglich seinen Zustand, von fest über flüssig bis gasförmig, verändert. Nahrungsketten bilden einen Kreislauf: Tote Blätter dienen Bakterien und Würmern als Nahrung. Diese wiederum werden von Vögeln und sonstigem Getier

Wie der Fotograf sich in dieser Gartenkugel widerspiegelt, so ist auch der Mensch Teil des Ganzen.

und indirekt letztendlich vom Menschen verspeist. Alles läuft rund bzw. zyklisch, eins geht ins andere über, ist im ewigen Kreislauf von Werden und Vergehen eingeschlossen – ganz im Sinne von *panta rhei* (alles fließt).

„Unser Kopf ist rund, damit das Denken die Richtung wechseln kann." Ein Körnchen Wahrheit steckt in dieser Aussage des französischen Malers und Schriftstellers Francis Picabia (1879-1953). Vielleicht sollte der Mensch seinen Kopf ab und zu dafür gebrauchen, nicht nur geradeaus, sondern auch um die Ecke, also rund, zu denken.

Zurück zur Permakultur, die weit über das Forschungsfeld der biologischen Landwirtschaft hinausgeht. Matthias Langwasser, der seit einigen Jahren ein Permakulturprojekt in Steyerberg bei Nienburg betreibt, nennt einige wichtige Ziele und Prinzipien:

- Planung und Entwicklung von stabilen langfristigen und nachhaltigen Systemen, zum Beispiel ein Waldgarten. Systeme sollen sich

Durch den Anbau miteinander verträglicher und sich fördernder Gemüse, Kräuter und Blumen werden die Nährstoffreserven im Boden optimal genutzt.

selbst erhalten und produktiv sein, indem beispielsweise Pflanzengemeinschaften gebildet werden, die sich gegenseitig unterstützen und ergänzen.

• Stabilität des Systems durch mehrere Funktionen. So dient etwa eine Weidenhecke als Windschutz, Sichtschutz und Sonnenfalle. Zudem bietet sie Nistplätze für Vögel, und ihr Schnitt liefert alle paar Jahre Brennmaterial.

• Jede Funktion wird von mehreren Elementen abgedeckt, zum Beispiel baut man viele verschiedene Gemüse- und Obstsorten an, so daß man nicht vom Ertrag einer einzigen Sorte abhängig ist.

• Polykultur (Mischkultur) statt Monokultur, denn je vielfältiger ein System, desto größer ist auch der Gesamtertrag.

• Schaffung dezentraler, kleinräumiger Selbstversorgungssysteme.

• Selbstversorgung und Naturschutz in einem System.

• Kooperation mit der Natur, das heißt in Harmonie mit dem Leben arbeiten, die natürlichen Gesetze erforschen und anwenden.

• Keine Verwendung von Kunstdüngern und Pestiziden.

Matthias Langwasser arbeitet mit der Erde und ihren Lebewesen, nicht gegen sie. Seine (geistige) Entwicklung beschreibt er wie folgt:

„Je länger ich hier lebe, desto näher komme ich den Tieren und Pflanzen. Zu Beginn meiner Arbeit hatte ich sehr große Probleme mit Wühlmäusen, die mir das Gemüse fraßen und Obstbaumwurzeln abnagten. Ich wußte mir nicht anders zu helfen, als die Tiere mit allen Mitteln, natürlich nur biologischen, zu bekämpfen und zu töten. Das half jedoch überhaupt nicht. Heute kooperiere ich mit der Natur, lebe mit den Wühlmäusen in Freundschaft, gebe ihnen gerne einen Teil meiner Gemüseernte, jedoch keine Obstbäume, und meine Erträge steigen kontinuierlich. Der Teil des Gemüses, den die Wühlmäuse verzehren, wird immer weniger. Ähnlich verhält es sich mit den Kaninchen, die früher viele Obstbaumpflanzungen zerstört haben. Heute wird kein einziger Baum mehr angerührt. Ich bekämpfe also keine noch so kleinen ‚Schädlinge' wie zum Beispiel Läuse, auch keine Krankheiten. Das alles ist überflüssig. Seitdem ich dies tue, treten fast überhaupt keine Krankheiten oder ‚Schädlinge' mehr auf. Aus Naturgesichtspunkten gibt es keine ‚Schädlinge', sondern nur ‚Nützlinge', denn jedes Lebewesen hat seinen sinnvollen Platz im großen Ganzen. Seitdem ich die ‚Kooperation mit der Natur' (nach Eike Braunroth) praktiziere, hat sich die Energie des Platzes verändert: Sie ist sehr friedlich geworden."

Permakulturprojekte gibt es in ganz Deutschland. In Kursen kann man dort lernen, wie man sich zu Hause – in der Stadt, im Garten, Hinterhof, auf Balkon oder Terrasse – mit qualitativ hochwertigen Lebensmitteln selbst versorgt, wie man in natürlichen, energetisch sinnvollen Kreisläufen denkt und die bereits vorhandenen, immer knapper werdenden Ressourcen effektiv nutzt, generell: wie man wieder im Einklang mit sich, seinen Mitgeschöpfen und der Erde lebt.

Nach Langwasser ist es wichtig, „gerade in der heutigen Zeit, in der Pessimismus und Weltuntergangsstimmung sehr verbreitet sind, positive, praktische Zeichen zu setzen. Viele der heutigen Probleme haben ihren Ursprung darin, daß der moderne Mensch die Verbindung zur Natur verloren hat und damit auch die Verbindung zu sich selbst. Meine Vision ist es, daß immer mehr Permakultur- oder ähnliche Projekte auf der Erde entstehen und zusammen ein Netzwerk bilden, mit dem Ziel, unsere Mutter Erde zu heilen" (Adressen von Permakulturprojekten siehe Seite 125).

Bevor wir uns einer so verantwortungsvollen Aufgabe widmen, Mutter Erde zu heilen, erfahren wir zunächst einmal, wie wir uns eigenverantwortlich selbst mit heilenden Erden behandeln können.

An den Jahresringen von Bäumen läßt sich das runde, zyklische Prinzip in der Natur deutlich ablesen.

Erdwärme – Energie aus dem Erdinneren

Das Innere der Erde hat es in sich: Je tiefer, um so heißer. Eine Faustformel besagt, daß pro 100 m Tiefenzunahme die Erwärmung um 3 °C ansteigt. Bei 1000 m Tiefe beträgt die Wärme 30 °C plus die Temperatur an der Oberfläche. Diese verborgenen, natürlichen Energiemengen sind so gut wie unerschöpflich. Sie können fossile Brennstoffe (siehe Seite 71 ff.) ersetzen, denn Erdwärme produziert Dampf, mit dem sich Turbinen betreiben lassen, die wiederum Strom erzeugen. Ebenso erhitzt Erdwärme (Grund-)Wasser, dessen Energie von geothermischen Kraftwerken (Erdwärmekraftwerken) genutzt wird. Solche Anlagen gibt es vor allem in vulkanischen Gebieten, im Westen der USA, in Mexiko, El Salvador, auf Island, in Italien, Neuseeland, Rußland, Japan, auf den Philippinen und Hawai.

Heiße Quellen und Geysire dienen in Island als natürliche Heizwerke.

Die Geothermie hat eine lange Tradition: Schon die Römer nutzten die Erdwärme, um ihre Thermalbäder und Wohnungen zu beheizen. Die Maori, die Ureinwohner Neuseelands, waschen und heizen bis heute teilweise mit Thermalwasser. Im Thermalareal von Whakarewarewa schleudern Geysire Wasser und Dampf bis zu 30 m hoch, heißer Schlamm blubbert in Löchern, und die Maori bereiten ihre Mahlzeiten in kochenden Pools zu.

Island ist ebenso reich gesegnet mit heißen Quellen und Geysiren, die in regelmäßigen Zeitabständen Wasser und Dampf in die Luft spucken. Die Energie dieser natürlichen Heizwerke wird sinnvoll genutzt: Über Pipelines gelangt das heiße Wasser in die Hauptstadt Reykjavik. Dort versorgt es nicht nur Wohnungen, sondern auch Gehsteige mit Wärme, so daß Schnee und Eis in den langen Wintern von allein dahinschmelzen.

Auch wenn die Wärmezufuhr aus dem Erdinneren auf der Erdoberfläche nach James Lovelock (siehe Seite 62 ff.) nur weniger als 1 % der Sonnenwärme ausmacht, ist die Nutzung von Erdwärme dennoch eine zukunftsträchtige Technologie.

Gesundheit aus dem Schoß der Erde

Nicht nur wegen ihrer geheimnisumwitterten Atmosphäre üben Höhlen eine große Anziehungskraft aus: Seit etwa 50 Jahren wissen Mediziner um die Heilkraft unterirdischer Stollen. Im österreichischen Bad Gastein beispielsweise fühlten sich die Untertagearbeiter beim Abbau von Golderz trotz der schweren Arbeit erstaunlicherweise wohl. Man fand heraus, daß dies mit dem besonderen Reizklima im Stollen, der hohen Lufttemperatur (37 bis 41,5 °C) und Luftfeuchtigkeit (70 bis 95 %) und vor allem mit dem radioaktiven Edelgas Radon zusammenhängt. Seither gilt der Stollen als Heilstollen und als wirkungsvolles Kurmittel bei rheumatischen Erkrankungen, Morbus Bechterew, chronischer Polyarthritis, Arthrose, degenerativen Wirbelsäulenleiden und Asthma bronchiale. Kurinteressierte, die einfach nur vorbeugen und nicht gleich eine mehrwöchige Thermalstollenkur in Bad Gastein machen möchten, können auch an der wöchentlich stattfindenden Schnupper-Einfahrt ins Berginnere teilnehmen (Adresse siehe Seite 125).
Wem Österreich zu weit entfernt ist oder wem kühlere Temperaturen in einer Höhle lieber sind, erfährt über den Deutschen Speläotherapieverband in Aalen, welche anderen Orte in Deutschland die Untertage-Klima-Therapie noch anbieten. Unter Speläotherapie versteht man die Behandlung von Patienten mit diversen (Atemwegs-)Erkrankungen in Höhlen oder einstigen Bergwerken (Adresse siehe Seite 126).

Der unterirdische Stollen im österreichischen Bad Gastein gilt als Heilstollen und hilft bei vielen Krankheiten.

Die Geschichte der Heilerden

„Nachdem er diese Dinge gesagt hatte, spuckte er auf die Erde und machte mit dem Speichel einen Lehm(brei) und legte seinen Lehm(brei) auf die Augen des Mannes und sagte zu ihm: ‚Geh, wasche dich im Teich von Siloam.' Und so ging er hin und wusch sich und kam sehend zurück."
Evangelium Johannes, Kapitel 9, Vers 6 und 7

Heilende Erden gehören zu den ältesten, einfachsten und vielseitigsten Naturheilmitteln der Menschheit. Schon die Ärzte im Altertum und Mittelalter behandelten die unterschiedlichsten Leiden mit anorganischen Heilerden. Als Gaben der Götter wurden sie von den alten Chinesen, Römern, Griechen und Ägyptern geschätzt und schon vor über 4000 Jahren in Medizin und Kosmetik innerlich und äußerlich angewendet. Kleopatra, die letzte ägyptische Königin (69-30 v. Chr.), betörte mit ihrer Schönheit bedeutende Staatsmänner wie Caesar und Antonius. Vielleicht lag es an ihrer samtenen Haut, die sie mit einer Heilerdemaske verwöhnte. Ob sie für die Maske den fruchtbaren Schlamm, der bei den jährlichen Überschwemmungen des Nils an Land gespült wurde, nahm, ist leider nicht überliefert, jedoch kennt man die Zutaten: Die Maske der Kleopatra wurde aus Eigelb, Milch, Honig und Kieselerde angerührt. Kieselerde oder Kieselsäure ist mit über 62 % Hauptbestandteil einer guten Heilerde.

Heilerden wurden nach ihren Fundorten benannt, die bekanntesten stammten von den Ionischen Inseln in der Ägäis und aus Kleinasien, vor allem Armenien. Um sie vor Fälschungen zu schützen, versah man sie mit Echtheitssiegeln und nannte sie *Terra Sigillata*. Am berühmtesten und kostbarsten war die *Terra Lemnia* von der Insel Lemnos, die als die Heilerde überhaupt galt. Die bedeutendsten Heiler der damaligen Zeit, wie Hippokrates, Galen, Plinius und Avicenna, empfahlen die *Terra Lemnia* gegen die Pest, bei Knochenbrüchen, giftigen Bissen und Stichen, Verbrennungen, Magen- und Darmgeschwüren und vielem mehr.

Sogar biblische Geschichten ranken sich um die Heilkraft von Erden: Maria soll eine Höhle bei Bethlehem mit ihrer Muttermilch betropft haben. Die Erde aus dieser Höhle, *Terra Hierosolymitica* oder „Marienmilch" genannt, nahmen stillende Frauen, um die Milchbildung anzuregen. Mit maltesischer Erde aus der Grotte San Paolo soll der Apostel Paulus Wunderheilungen vollbracht haben. Diese *Terra Melitensis* oder „Pauluserde" wurde als Gegengift bei Schlangenbissen und Skorpionstichen angewendet.

Mit der Entwicklung neuer chemischer Heilmethoden im 18. und zu Beginn des 19. Jahrhunderts gerieten die Heilerden in Vergessenheit bzw. standen im Verruf, billige „Dreckmedizin" zu sein. Erst in der zweiten Hälfte des 19. Jahrhunderts wurden sie wiederentdeckt. Dies verdanken sie vor allem drei mutigen Männern und Naturheilern: Sebastian Kneipp, Adolf Just und Emanuel Felke.

Die Erd- und Lehm-Therapie nach Kneipp, Just und Felke

In den natürlichen Gaben der Natur – Wasser, Licht/Sonne, Luft und Erde bzw. Lehm – liegt eine große Heilkraft. Das erkannten auch die Väter der Naturheilkunde: Kneipp, Just und Felke. Jeder von ihnen war medizinischer Laie, ein Außenseiter, und therapierte sein Leiden autodidaktisch mit Hilfe dieser natürlichen Urelemente. Jeder erprobte sie erfolgreich am eigenen Leib und gab seine Erfahrung überzeugt weiter. Alle drei Männer propagierten eine naturgemäße Lebensweise. Als Therapeutika verwendeten sie die Hauptsubstanzen unseres Planeten, (Heil-)Erde, Löß, Lehm und Schlamm, und verhalfen ihnen damit zu neuen Ehren im Dienste der Gesundheit.

Sebastian Kneipp

Sebastian Kneipp (1821-1897) war Priesterarzt in Wörishofen und erlangte als „Wasserdoktor" Berühmtheit. Er heilte sich selbst von einer schweren Lungentuberkulose durch die Kaltwassertherapie. Lehm hielt er für eines der „vorzüglichsten Heilmittel". Ein Blick in die Natur zeigt: Wenn sich Tiere verletzen oder eine Entzündung haben, wälzen sie sich instinktiv im Lehm oder im Flußschlamm, um die Wunden abzudecken oder um sich vor Ungeziefer zu schützen. Schweine suhlen sich mit Vorliebe im Schlamm, sie säuen sich ein. Elefanten legen sich in Schlick, abgelagerten Fluß- oder Seeschlamm, um ihre Haut vor der Hitze zu schützen. Tiere in der freien Natur, im Wald, fressen Gras oder bestimmte Erden (Lehm/Löß), wenn sie sich unwohl fühlen.

„Der allgütige Schöpfer hat in unscheinbarsten Dingen, an welchen der moderne Mensch gleichgültig vorübergeht und die er sogar verachtet, Heilmittel für Mensch und Tier geschaffen. Eines der vorzüglichsten ist der Lehm."
Sebastian Kneipp

Lehm zieht Bakterien und auch giftige Stoffe, zum Beispiel bei Insektenstichen, aus einer Wunde. Lehmwickel und Lehmpflaster helfen bei Venenentzündungen, Krampfadern, Blutergüssen, Prellungen, Ekzemen, Unterschenkelgeschwüren und offenen Wunden.

Sie entziehen Wärme, hemmen Entzündungen und beseitigen üble Körpergerüche.

Zur Kneippschen Lebensweise gehört auch regelmäßige Bewegung, möglichst an der frischen Luft. Das Barfußgehen auf nasser Erde, im nassen Gras – gleichgültig, ob durch Regen, Tau oder Gießkanne entstanden – oder auch im Schnee ist gesünder als auf trockenem Boden. Es härtet ab und leitet die heilsamen Erdenergien über die Nervenenden der Füße in den ganzen Körper, umgekehrt werden alle schädlichen Körperenergien abgeleitet. Wenn Ihnen Barfußlaufen zu eintönig ist, spielen Sie zu zweit mit nackten Füßen auf einer Wiese Federball. An einem Spätsommer- oder Herbstabend zieht das Gras Feuchtigkeit an, was einen ähnlich positiven Effekt ausübt. Danach sollten Sie die Füße nicht abtrocknen, sondern nur von anhaftenden Schmutzpartikeln reinigen und trockene Strümpfe oder Schuhe anziehen (Adresse Kneipp-Verlag siehe Seite 126).

Bild links: Kaltes Wasser und Lehm gehörten für Sebastian Kneipp zu den wichtigsten Heilmitteln.

Adolf Just

Der Buchhändler Adolf Just (1859-1936) kurierte sich von einem zwölfjährigen Nervenleiden aus eigener Kraft. Dabei halfen ihm eine viermonatige Kneippkur und eine naturgemäße Lebensweise mit Sonne, Heilerde, Lehm, Licht, Wasser und vegetarischer Ernährung. Just lebte sehr naturverbunden und spartanisch in einer Lufthütte im Wald nach dem Motto „Die Natur irrt nicht, sie hat immer recht". In seinem Buch „Kehrt zur Natur zurück!" schrieb er von der „Erdkraft als wichtigstem Heilmittel der Natur" und dem „Erdschlaf": Nackt schlief er auf der blanken Erde, um ihre urwüchsige Kraft in sich aufzunehmen. In einem Satz faßte er die umfassende Heilkraft der Erde so zusammen: „Die Erde kühlt, löst, reinigt, wirkt aufsaugend und heilend."

1896 gründete Just in Eckertal im Harz die Anlage „Jungborn", die größte Kuranstalt der damaligen Zeit. Heilerde und Lehm benutzte er zunächst nur äußerlich bei Hautleiden, Entzündungen, Vergiftungen, Verbrennungen und Geschwüren. Tatkräftig setzte er sich für seine Erd- und Lehm-Therapie als Natur- und Volksheilmittel ein und hatte damit großen wirtschaftlichen Erfolg, sehr zum Leidwesen vieler schulmedizinischer Neider. Ein Arzt hängte ihm, dem „Kurpfuscher" Just, 1906 einen Prozeß an den Hals. Die pathe-

„Wie die Erde als Heilmittel, in Form von Umschlägen und Verbänden angewendet, zu erklären ist, wird uns in mancher Hinsicht verborgen bleiben. Wir wissen, daß die überaus große Heilwirkung da ist und wollen gläubig dies Geheimnis der Mutter Erde annehmen, das uns die Heilkraft der Natur vollkommen gibt."
Adolf Just

tisch-prophetischen Schlußworte des Angeklagten vor Gericht: „Ich werde in dieser Sache vor Gott und meinem Gewissen völlig freigesprochen und erkläre noch einmal, daß ich für meine Ideen voll und frei eintrete. In 20 Jahren werden vielleicht an dieser Stelle Leute verurteilt, die Wunden behandelt und keinen Lehm genommen haben."

„Man muß den Menschen in die Erde hineinsetzen, aus der er erschaffen wurde."
Emanuel Felke

1908 entdeckte Just ein Lößvorkommen im Harz. Fortan verwendete er diesen besonderen Löß, der im Magen nicht klumpte und den er Heilerde nannte, zur inneren Behandlung von Durchfällen, bei Magen- und Darmerkrankungen usw. 1918 gründete Just die Heilerde-Gesellschaft „Luvos Just", die auch heute noch ihre Präparate aus naturreinem Löß zur inneren und äußeren Anwendung anbietet (Adresse siehe Seite 126).

Emanuel Felke

Lehmtherapie im Felke-Kurhaus Menschel

Pastor Emanuel Felke (1856-1926), der auch als „Lehmpastor" in die Annalen einging, besaß große heilerische Kräfte und soll 500000 Menschen behandelt haben. 1898 besuchte er Just in seinem Jungborn und war so beeindruckt von der natürlichen Lebensweise und der Heilkraft des Lehms, daß er selbst den ersten Felke-Jungborn in Repelen am Niederrhein baute. Seine Patienten sollten in für Frauen und Männer getrennten Luftbadeparks Licht/Sonne und Luft an ihre nackten Körper lassen. Die wichtigste Anwendung waren die Lehmbäder unter freiem Himmel, sommers wie winters. Sie sind es auch heute noch: Im Felke-Kurhaus Menschel in Bad Sobernheim bekommt jeder Kurgast seine eigene Lehmgrube mit frisch gegrabener Heilerde, in der er ein- bis zweimal täglich badet, in der kühleren Jahreszeit auch in bodenbeheizten Hallen. Nach An-gaben des Felke-Kurhaus Menschel „verbessert regelmäßiges Lehm-baden die Blutzirkulation und damit die Sauerstoffversorgung des Gewebes, reinigt den Organismus von Giftstoffen, entsäuert, stabilisiert und kräftigt, regt Stoffwechsel und Drüsenfunktion an und hilft bei rheumatischen Erkrankungen, Haut- und Krampfaderleiden" (Adresse Felke-Kurhaus siehe Seite 126).

Lehmhemd und Lehmkompresse bei Hautleiden

Bei Ausschlägen, Flechten und anderen Hauterkrankungen hat sich das Lehmhemd bewährt. Dabei wird ein Leinenhemd in Lehmwasser getaucht, ausgewrungen und angezogen. Es hat eine leicht austrocknende Wirkung. Lehmkompressen unterstützen den Heilungsprozeß bei rheumatischen Erkrankungen, Blutergüssen, Verstauchungen, Quetschungen, schlecht heilenden Wunden, Geschwüren, Entzündungen, Eiterungen, Allergien nach einem Sonnenbrand.

Eine Kompresse mit Fertiglehm selbst herstellen

Wie man eine solche Kompresse herstellt, beschreibt Michael Anderson: „Heilerde wird mit kaltem Wasser, oder, um den Kaltreiz noch zu verstärken, mit Essigwasser angerührt. Eventuell ist auch eine Kräutermischung möglich. Der Brei wird so angerührt, daß sich eine von der Konsistenz her recht feste Masse bildet. Diese muß aber noch streichfähig sein und wird etwa 2 cm dick auf die erkrankten Hautbezirke, Gelenke etc. aufgetragen. ...

Der aufgetragene Lehm wird mit einem klassischen Wickel abgedeckt. Der klassische Wickel nach Kneipp besteht bekanntlich aus drei Tüchern, einem feuchten Untertuch, einem trockenen Zwischentuch und einem Wolltuch als Abschluß. Bei einer Lehmkompresse wird das feuchte Untertuch mit dem Lehm eingestrichen. Auf keinen Fall darf der Lehm mit Plastikfolie oder ähnlichem abgedeckt werden!

Nach etwa 1 bis 2 Stunden ist der Lehm getrocknet und muß entfernt werden. Nachdem die Lehmkompresse entfernt wurde, wird die Haut mit körperwarmem Wasser abgewaschen. Eine Nachruhe von einer halben Stunde ist obligatorisch. Der Patient sollte darauf hingewiesen werden, daß Lehm die Haut austrocknet und daher im Bedarfsfall eine pflegende Hautcreme aufgetragen werden kann. Bei Patienten, deren Durchblutungssituation gestört ist, muß die Indikation sehr streng gestellt werden."

Gegenanzeigen:
Mit Lehmpackungen dürfen nicht behandelt werden:

- Thrombosen mit bestehender Emboliegefahr,
- arterielle Durchblutungsstörungen der Beine.

Mit Heilerde sich selbst behandeln

„Der Lehm ist die Erde, die denkt, die nachdenkt, die eine Seele hat. Der Lehm ist wie der Türkis, ein mineralisches Element, das die Fähigkeit besitzt, im Kern zusammenzuhalten, was sich sonst zersplittern würde. ... Der Lehm ist wie ein Instrument, das die Fähigkeit hat, Licht einzufangen und Sonne daraus zu machen."
Aus „Die geheime Heilkunst der Zigeuner" von Pierre Derlon

„In jedem Haus sollte genügend gut gesiebter, feingepulverter Lehm vorhanden sein."
Mahatma Gandhi

Zu den Heilerden werden im engeren Sinne nur mineralische Erden wie Lehm und Löß gerechnet. Im weiteren Sinne kann man noch Fango und Moor, also pflanzliche (vegetabile) Erden, dazu zählen. Moor- und Heilerde wirken sehr unterschiedlich, auch weil Moorerde, zum Beispiel bei Moor-Schwebstoffbädern, und Fango-Auflagen in der Regel heiß, Heilerde dagegen kalt angewendet wird. Heilerde wird selbst von kleinen Kindern und von Säuglingen (Puder) gut vertragen. Bei richtiger Anwendung treten keine Nebenwirkungen auf. Mit Heilerde können Sie für Ihre Gesundheit und Schönheit viel tun, sowohl

• äußerlich: Haut straffen, sie elastisch und geschmeidig halten, Hautleiden wie Neurodermitis, Schuppenflechte, Ekzeme etc. bessern, Bindegewebe stärken, Durchblutung anregen, als auch
• innerlich: Magen- und Darmbeschwerden, Sodbrennen, Blähungen, Durchfall, Verstopfung, Magenschleimhautentzündung und vieles mehr kurieren.

Das Indikationsspektrum ist sehr breit und reicht von A wie Abszeß und Akne bis Z wie Zahnfleischentzündung und Zwölffingerdarmgeschwür. „Bei den meisten Krankheiten, wie zum Beispiel Akne und Rheuma, ist es sinnvoll, die Einnahme von Heilerde mit einer äußeren Anwendung zu kombinieren", empfiehlt die Münchner Heilpraktikerin Monika Mayer: „Die Heilung vollzieht sich so auf zwei Ebenen. Von innen macht man sich die reinigende Wirkung der Heilerde zunutze und behandelt die Krankheitsursache. Von außen werden die Entzündung und Schmerzen gelindert." In ihrem Buch „ABC der Heilerde" beschreibt Monika Mayer, wie Heilerde bei diversen Krankheitssymptomen bei Tieren und Pflanzen sowie für die Schönheit anzuwenden ist. So hält Heilerde in Blumenwasser oder Blumenerde Zimmer- und Gartenpflanzen länger frisch. Wer bei Mayer eine be-

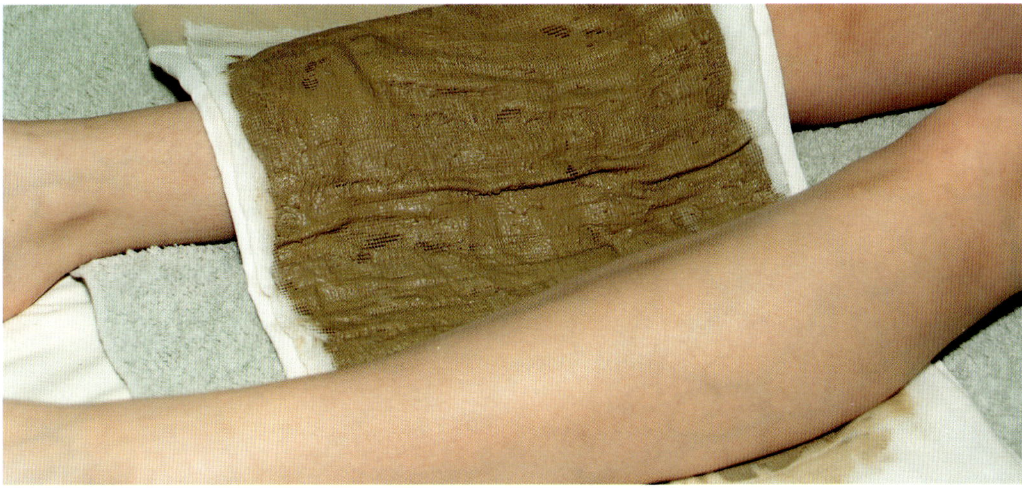

Lehmkompressen unterstützen den Heilungsprozeß.

stimmte Indikation nicht findet, schaue in Rose-Marie Nöckers „Heilerde" nach. Beide Autorinnen sind kundige Fachfrauen und ergänzen sich in ihren Anwendungen.

Heilerde regt die Selbstheilungskräfte des Organismus von Mensch und Haustier (probieren Sie's ruhig an Hund oder Katze aus!) auf sanfte biologische Weise an. Doch auch hier gilt: Ohne eine insgesamt gesundheitsbewußte Lebensweise, zu der naturgemäße Ernährung, mentale Gesundheit (Psychohygiene), regelmäßige Bewegung und ausreichend Schlaf gehören – Kneipp sprach von „Ordnungstherapie" –, bewirkt eine Behandlung mit Heilerde nur halb soviel, wenn überhaupt.

Heilerden sollte man bei akuten Krankheiten kurzfristig bevorzugt kalt anwenden, bei chronischen Krankheiten über einen längeren Zeitraum eher warm. Wenn sich nach den ersten Anwendungen die Beschwerden verschlimmern, es zur sogenannten Erstverschlimmerung kommt, ist das ein Zeichen dafür, daß der Heilungsprozeß einsetzt. Lassen Sie sich dadurch nicht verunsichern: Sie sind auf dem besten Weg zur Genesung. Sollte nach wiederholter Anwendung mit Heilerde dennoch keine sichtbare und/oder spürbare Besserung eintreten, ziehen Sie einen schulmedizinisch und naturheilkundlich versierten Arzt zu Rate. Wie für jede andere Selbstmedikation gilt auch für die mit Heilerde bzw. Heillehm: Bei stärkeren und mehr als drei Tage andauernden Beschwerden einen Arzt aufsuchen!

Eine Schlammaske von Kopf bis zu den Füßen ruft ein neues Körpergefühl hervor.

Erde gut, alles gut! Erfahrungen mit chinesischer Heilerde und türkischem Schlamm

„Alles wirkliche Leben ist Begegnung." *Martin Buber*

Was wäre ein Buch über die Ur- und Heilkraft der Erde ohne die persönliche Begegnung, die Erfahrung damit? Mehrmals hatte ich das Vergnügen, mit Erde bzw. Schlamm zumindest äußerlich in Kontakt zu kommen. Ich spürte sie/ihn hautnah am eigenen Leib und erlebte ihre/seine wohltuende Wirkung immer wieder anders.

Das erste Mal ereignete es sich bei einem Urlaub auf der kroatischen Insel Krk. Mein Begleiter und ich erkundeten die Insel und stießen dabei auf ein nicht allzu großes Schlammloch, das in keinem Reiseführer erwähnt war – ein Insidertip also – ,nicht weit vom Meer entfernt. Dort herrschte ein richtig geschäftiges Treiben: Menschen jeden Alters und jeder Figur drängten sich in Badehosen und Bikinis in der grün-braunen, nicht gerade appetitlich aussehenden Soße. Sie strichen sich schwarzen Schlamm auf ihre hell kontrastierenden

Alabasterkörper, ins Gesicht und in die Haare. Andere standen am Rand des Schlammlochs, vom Kopf bis zu den Füßen mit einer Schlammschicht überzogen. Einige gingen auf dem großen Platz meditierend auf und ab und ließen ihre Schlammasken von der Sonne trocknen.

Bei dieser, meiner ersten Begegnung mit „gesundem" Schlamm – er mußte etwas Besonderes und zudem heilkräftig sein, sonst hätten sich nicht so viele freiwillig damit beschmiert – traute ich mich selbst nicht in das Schlammloch hinein. Noch hatte ich Berührungsängste und keine Lust, mich auszuziehen und in diese undefinierbare Masse hineinzusteigen. Interessiert beobachtete ich die Menschen, die alle ganz zufrieden aussahen. Skeptisch schaute ich meinem Bekannten zu, wie er sich das Zeug von unten bis oben auf seine Haut pappte, es sich sogar in die Haare schmierte und nur noch Lippen, Augen und Badehose ausließ. Dann spazierte er als schwarzer Mann herum, nur die weißen Zähne blitzten beim Lachen hin und wieder aus dem dunklen Gesicht hervor. Nach etwa 20 Minuten hatte sich eine Schlammkruste gebildet, die Risse bekam und zu bröckeln anfing. Er marschierte ins flache Meer hinein; zurück kam ein „neugeborener", hellhäutiger Mensch, der sich sichtlich wohl fühlte, eine Zeitlang zwar noch einen etwas seltsamen Geruch ausdünstete, aber ansonsten bester Dinge war.

„Verehre die Kräfte, die du nicht siehst, die du nicht greifen kannst, die du nicht riechst. Verehre diese Kräfte, denn sie zeigen dir den Weg."
Indianische Weisheit

Mein zweiter, dieses Mal direkter Kontakt mit Heilerde fand in München statt. Auf meine Anzeige „Suche Menschen, die Erfahrungen mit Heilerde – sowohl innerlich als auch äußerlich – haben" meldeten sich zwei Damen: Carola Reuss, Heilpraktikerin (Adresse siehe Seite 126), und Danuta Klose, Besitzerin des Gesundheitscenters Revital am Dom (Adresse siehe Seite 126). Frau Klose verwendete *Ti-Chiang*, chinesische Heilerde, die sie mit Sauerstoff energetisierte, und bot mir an, mich damit einzuwickeln. *Body forming* oder *Body shaping* heißt dieses neue Verfahren, das sich sowohl auf die Gesundheit als auch auf das Aussehen positiv auswirkt. Über die Haut wird der gesamte Stoffwechsel sanft entgiftet und der Körperumfang meßbar reduziert. Auch Hautprobleme wie Zellulitis, Psoriasis, Neurodermitis und Geweberisse nach einer Schwangerschaft oder Diät sollen sich dadurch bessern. In dem Buch „Rezepte berühmter Ärzte aus 5000 Jahren" ist über die chinesische Heilerde zu lesen: „Ti-Chiang, Erd-Brühe, ist als Gegenmittel gegen Vergiftungen und bei Verkrampfungen und Beklemmungsgefühlen im Brustbereich geeig-

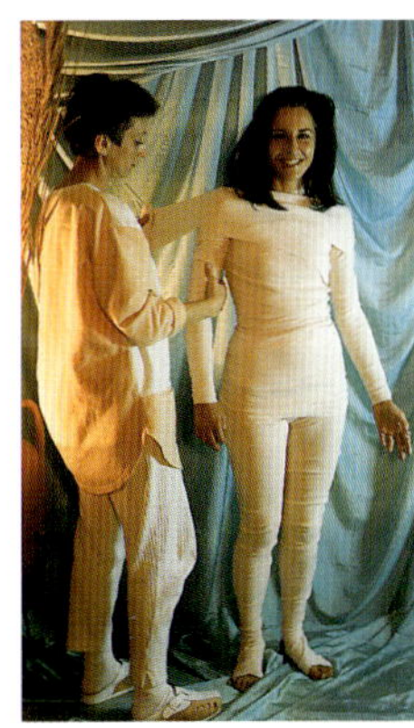

Body forming im Gesundheitscenter Revital in München.

net. Zur Gewinnung dieser Droge grabe man ein Loch in die Erde und fülle es mit Wasser. Nun rühre man darin, bis es sich schlammig getrübt hat, und schöpfe es nach kurzer Zeit wieder heraus. Damit lassen sich Vergiftungen beheben."

„Die Erde heilt, wenn wir heilen – und wir heilen, wenn die Erde heilt."
Lichtnetz eV., München

Dieses Mal hatte ich also keine Berührungsängste. Ich mußte in kein obskures Schlammloch – wie auf der Insel Krk oder im chinesischen Rezeptbuch empfohlen – steigen, sondern wurde in einem stilvoll eingerichteten Institut individuell behandelt. Die Besitzerin tränkte zuerst 15 cm breite elastische Binden mit der im lauwarmem Wasser gelösten chinesischen Heilerde. Dann nahm sie bei mir Maß an verschiedenen Körperpartien und trug die Daten in eine Meß- und Wickelkarte ein. Nach dem Vermessen begann die eigentliche Prozedur: Geschickt wickelte sie die feuchten Binden mit einer besonderen Technik von oben bis unten um Rumpf und Beine. Der Ganzkörperwickel fühlte sich wie eine zweite Haut an. Darüber zog sie einen feuchtigkeitsisolierenden Anzug. So verpackt legte ich mich auf einen bequemen Massagesessel. Mir war angenehm warm. Eine Stunde ruhte ich nun; die erste halbe Stunde inhalierte ich energetisch aufbereiteten Sauerstoff, der durch Röhrchen über beide Nasenlöcher zugeführt wurde. Total entspannt und mit neuer Energie aufgeladen, wurde ich nach einer Stunde wieder entwickelt und neu vermessen. Insgesamt 8 cm hatte ich am ganzen Körper verloren, und meine Haut fühlte sich jugendlich frisch, geschmeidig, elastisch und gestrafft an. Beschwingt und gut gelaunt verließ ich das Studio.

Die zweite Dame, Carola Reuss, die sich auf meine Heilerde-Kontaktanzeige meldete, empfahl mir das geniale Büchlein „Heilen ist einfach" von Gisela Friebel und Klaus Hoffmann, in dem ich alles über das Thema Heilerde/Lehm finden würde. Dann berichtete sie mir über ihre eigenen Erfahrungen mit Heilerde, die sie während ihrer langjährigen Tätigkeit als Heilpraktikerin gesammelt hatte:

- „Vor einem Theaterbesuch lege ich eine Maske aus Heilerde auf. Danach ist meine Haut glatt, rosig durchblutet und weich wie ein Kinderpopo. Wichtig ist jedoch im Anschluß das Auftragen von reichlich Feuchtigkeitscreme.
- Bei Verbrennungen wende ich sofort Heilerde an. Die Schmerzen verschwinden schlagartig, und die Blasen bilden sich rasch zurück.
- Grundsätzlich wende ich bei jeder Entzündung und Schwellung als erste Maßnahme Heilerde an. Ich habe nie eine Enttäuschung erlebt.
- Nach einer tagelang anhaltenden, schwächenden Durchfallerkran-

kung, wo auch Imodium und andere gängige Mittel versagten, half mir schließlich Heilerde, die ich aufgelöst in größeren Mengen trank. Seitdem schlucke ich Heilerde sofort bei jeglicher ‚Verstimmung' meiner Verdauung.

• Ebenso hilft Heilerde bei Übelkeit, Sodbrennen und Magendruck fast sofort.

• Bei allen rauhen Hautstellen peele ich mit einem dicken Heilerdebrei. Der Erfolg ist beeindruckend.

• Bei Akne-Patienten verordne ich als erste Maßnahme Heilerde innerlich und äußerlich. Heilerde reinigt krankes Gewebe radikal.

• Bei einer stark juckenden, allergischen Kontaktdermatitis, also einer Hautentzündung, brachte ein Umschlag mit Heilerde fast augenblicklich Linderung.

• Auch bei Zahnfleischentzündungen halfen mir Spülungen mit Heilerde immer bestens.

• Bei einem Patienten, der Leistungssport treibt, heilte eine schmerzhafte Schwellung des gesamten Kniegelenkbereiches nach Überlastung bzw. Fehlbelastung durch einen Umschlag mit Heilerde über Nacht ab. Auch Fersenspornbeschwerden sowie Achillessehnenschmerzen verschwanden bei ihm durch regelmäßiges Auflegen von Heilerdepackungen vollständig.

• Bei einer Patientin half ein Heilerdeumschlag nach einem Insektenstich mit starkem Ödem. Schmerzen und Schwellung verschwanden innerhalb der nächsten Stunde.

• Auch ein Abszeß klang durch die Behandlung mit Heilerde ab.

• Eine Patientin wollte vor einer anberaumten Kropfoperation noch einmal der Natur(heilkunde) eine Chance geben. Nach mehrwöchiger Anwendung mit Heilerde bildete sich der Kropf zurück!"

Soweit der interessante Erfahrungsbericht von Carola Reuss (Adresse siehe Seite 126).

„Alle Menschen, die etwas leisten wollen, nehmen die Natur zu Hilfe. Gott ist so nahe, und die Handvoll Erde, das Wasser, die Luft und die Sonne sind auch so nah."
Adolf Just

Mein dritter hautnaher Kontakt mit Erde, dieses Mal in Form von Schlamm, fand in der Türkei statt. Ich hatte eine Bootstour nach Dalyan an der Westküste gebucht. Auf dem Programm stand auch der Besuch eines schwefelhaltigen Thermalbads. Beim Betreten des Geländes stieg mir als erstes ein beißender, schwefelartiger Geruch in die Nase. Es stank wie nach faulen Eiern. Überall tummelten sich Menschen – eine wahre Touristenattraktion. Die Aufschrift auf dem Schild ermutigte mich: „Schwefelhaltiges 39 °C heißes Thermalbad gegen Ischias, Rheuma, Verkalkung, Blutkreislaufstörungen". Kern-

Ein Schlammbad macht nicht nur Spaß, es strafft und verjüngt auch die Haut.

„Folgen wir der Natur ohne Bange, denn sie führet uns nicht irre. Unser oberstes Gebot sei es, sich nach ihr zu richten. Das ist der Anfang aller Lebensweisheit und Lebenskunst."
Michel de Montaigne

gesund, wie ich war und bin, entschied ich mich nur für das Schlammbad. Im Bikini stieg ich hinein, der Untergrund war ziemlich glitschig. Mit den Händen holte ich immer wieder Schlamm hoch, was mich zugegebenermaßen etwas Überwindung kostete, ließ ihn am Rand antrocknen und trug ihn dann auf den Körper auf. Ich war so beschäftigt, daß ich darüber die Gerüche, die in der Luft hingen, vergaß. Es machte richtig Spaß und erinnerte mich an das „Kuchenbacken" im Sandkasten. So war das doch damals in der Kindheit, oder? Anschließend ließ ich den Schlamm unter der heißen türkischen Sonne antrocknen. Nach etwa 15 Minuten, als die Haut am Körper zu spannen begann, spülte ich die ganze dunkle Pracht unter der Dusche im Freien wieder ab. Und, o Wunder der Natur, meine Haut fühlte sich herrlich weich, geschmeidig und straff an.

Beachten Sie bei der äußerlichen Anwendung von Heilerde:

1. Heilerde darf nicht mit Metall (beispielsweise Dosen, Löffel) in Verbindung gebracht und auch nicht in Bleikristallglas anrührt werden! Statt dessen sollte man Holz- oder Plastikgeschirr verwenden.
2. Heilerde sollte nur einmal verwendet und danach weggeworfen werden.
3. Aus hygienischen Gründen sollen Tücher, Binden etc. nach jedem Gebrauch mit Heilerde bei 60-95 °C gewaschen werden.

Gesund und schön mit Schlamm und Heilerde Rezepte zum Ausprobieren

Das Tote Meer in Israel hat einen extrem hohen Salzgehalt, etwa zehnmal soviel wie in anderen Meeren üblich, und die größte Mineralkonzentration aller Ozeane. Schlamm aus dem Toten Meer, sogenannter Black Mud, enthält viele Mineralstoffe und Spurenelemente sowie Kaolin, eine Art Tonerde (auch Porzellanerde genannt), das überschüssiges Fett absorbiert.

Regelmäßig angewandte Schlammasken und -packungen aus Black Mud helfen bei Hautunreinheiten und Hauterkrankungen wie Schuppenflechte, Ekzemen und Neurodermitis, sowie bei schweren Gliedern, Alltagsstreß und erschlaffter Haut.

Feuchter Schlamm kühlt, beruhigt, desinfiziert und strafft die Haut. Wie von einem Löschblatt werden Bakterien, Fett und Schmutz herausgezogen, Entzündungen gehemmt und Juckreiz gestillt. Die Maske oder Packung trocknet ein und schließt die Haut dadurch luftdicht ab. Die Haut darunter erwärmt sich, was wiederum die Durchblutung anregt. Bei Orangenhaut an typischen Problemzonen wie beispielsweise Po, Oberschenkel und Bauch wirkt der Schlamm aus dem Toten Meer adstringierend (Bezugsadresse von Black Mud siehe Seite 126).

„Schade um der Erden Pracht,/ allwo kein empfindsam Herz dankbar ihr entgegenlacht."
Japanisches Sprichwort

Rezepte mit Schlamm aus dem Toten Meer

Ganzkörper- und Teilpackung an Problemzonen

Nehmen Sie sich für eine Ganzkörperpackung viel Zeit und Ruhe. Schlamm leicht erwärmen. Auf gereinigte Haut auftragen, bei Teilpackung auf gewünschte Körperpartie, zum Beispiel auf Problemzonen wie Bauch, Po oder Oberschenkel. Mit Frischhaltefolie abdecken und einem Handtuch umwickeln. Auf eine geeignete Unterlage legen und etwa eine halbe Stunde einwirken lassen. Ist der Schlamm angetrocknet, mit lauwarmem Wasser gründlich abspülen.

Gesichtspackung

Der Schlamm aus dem Toten Meer kann pur angewendet oder mit weiteren Zusätzen angereichert werden, zum Beispiel geben Sie zu 30 g Schlamm aus dem Toten Meer:
- 10 Tropfen D-Panthenol,
- 25 Tropfen ätherisches Öl nach Wahl,
- 1 Teelöffel Salz aus dem Toten Meer.

In den Schlamm D-Panthenol, ätherische Öle und Salz einarbeiten. Fertige oder mit Zutaten versetzte Packung auf Gesicht, Hals und Dekolleté auftragen, Augenpartie großzügig aussparen. Mindestens 5 bis höchstens 20 Minuten auf der Haut wirken lassen. Mit lauwarmem Wasser abwaschen. Bei Bedarf mit pflanzlichem Öl (Olivenöl, Nußöl- und andere Öle) nachfetten.
D-Panthenol ist Provitamin B_5, es wirkt hautberuhigend, zellregenerierend, unterstützt das Feuchtigkeitsbindevermögen der Haut, macht sie glatt und geschmeidig. 30 Tropfen sind etwa 1 ml.

Haarpackung

Für eine Haarpackung brauchen Sie:
- etwa 50 g Schlamm,
- 10 Tropfen D-Panthenol,
- 15 Tropfen Algenöl,
- 20 Tropfen Klettenwurzelöl,
- 10 ml Pflanzenöl, zum Beispiel Haselnußöl.

Alle Zutaten miteinander vermischen. Packung im Wasserbad leicht erwärmen. Es kann auch erst das Öl mit den Wirkstoffen leicht erwärmt und dann direkt vor Gebrauch in den Schlamm eingerührt werden. Im gewaschenen, handtuchtrockenen Haar gleichmäßig verteilen. Auch die Kopfhaut soll von Schlamm bedeckt sein. Nach dem Auftragen Haar mit Folie abdecken. 10 bis 20 Minuten einwirken lassen. Anschließend Packung mit reichlich lauwarmem Wasser ausspülen. Die Haarpackung am besten während eines Vollbads anwenden, da die Wärme des Badewassers die Wirkung zusätzlich unterstützt.

Rezepte mit Heilerde

Heilerdemaske für einen klaren Teint

Bei Hautunreinheiten (fettige Haut, Akne, Mitesser) hilft das Auftragen einer Heilerdemaske auf Gesicht (und Rücken) ein- bis zweimal die Woche. Ihre Mineralstoffe saugen Talg, Schweiß, Bakterien und Schmutzpartikel wie ein Löschblatt aus der Haut, machen sie klar und rein.

Einfach zwei Eßlöffel Heilerde mit einem Eßlöffel Wasser vermischen, zusätzlich können ätherische Öle wie Teebaum, Lavendel, Eukalyptus, Rosmarin, Nelken usw. beigemengt werden. Den Heilerdebrei im Gesicht etwa 2 bis 3 mm dick auftragen, empfindliche Hautpartien um Augen und Lippen aussparen. Der kühle Brei, der auch über Nacht aufgetragen bleiben kann, desinfiziert und reinigt die Haut porentief. Bei Bedarf mit einer leichten Creme oder Olivenöl (Kalt- und Erstpressung) nachfetten.

Heilerdemaske bei unreiner Haut

Bild links: Heilerdemaske

Ein altes Rezept aus Großmutters Erfahrungsschatz:
- 1 Eßlöffel Heilerde,
- 1 1/2 Eßlöffel Huflattichtee,
- 3 bis 4 Tropfen Hamamelis-Urtinktur.

Zutaten zu einem Brei verrühren und als Gesichtsmaske auftragen.

Heilerdeauflagen bei Rheuma, Arthrose, Gelenk- und Muskelschmerzen

Schlägt das Wetter um oder ist es draußen feucht, kalt und nebelig, spüren das viele Menschen schmerzhaft in Gelenken und Muskeln. Von einer chronischen Gelenkerkrankung (Arthrose), hervorgerufen durch altersbedingte Verschleißerscheinungen, Entmineralisierung und Abbau des Gelenkgewebes, sind vor allem ältere Menschen betroffen. Die Auflage von Heilerde kann da wirksame Abhilfe schaffen.

Als Faustregel gilt: Chronische Erkrankungen mit Wärme, akute Erkrankungen mit Kälte behandeln! Dennoch sollte jeder selbst herausfinden, was ihm gut tut und persönlich hilft.

Bei Arthrose empfiehlt Gisela Friebel, „die Erde eher mit warmem Wasser anzurühren, während bei Arthritis (Gelenkentzündung) mit überwärmten Gelenken ein kalter Umschlag sinnvoll ist."

Ein Rezept von Hademar Bankhofer: „Verrühren Sie Heilerde aus der Apotheke mit heißem Wasser zu einem Brei. Tragen Sie diesen dick auf die schmerzenden Stellen auf. Eine Stunde einwirken lassen, dann abwaschen."

Rose-Marie Nöcker empfiehlt bei (Poly-)Arthritis, Arthrose und akutem Rheumatismus zusätzlich zur äußeren noch die innere Anwendung: „Jeden Morgen auf nüchternen Magen und am Abend vor dem Schlafengehen je 1 Teelöffel Heilerde, in Wasser gelöst, zur Bindung giftiger Stoffwechselprodukte." Sehr hilfreich sei auch eine Fastenkur mit anschließender Ernährungsumstellung auf Vollwertnahrung, Roh- und viel Frischkost.

Heilerde essen als Therapeutikum

„Mit Erde ist das Mütterliche, Irdische gemeint. Die einfachen Notwendigkeiten des täglichen Lebens werden durch dieses Symbol herausgestellt. Mitunter ist es im Traum erforderlich, Erde zu essen. Dann sagt Ihnen Ihr Unterbewußtsein, daß Sie das Irdische in sich aufnehmen und nicht zögern sollten, die Gewöhnlichkeit des Lebens anzunehmen, um zu dessen Werten zu gelangen."
Aus „Frauenträume, Männerträume und ihre Bedeutung" von Gerti Senger

„Das einzige Gesetz, dem wir folgten, war die Weisheit unserer Mutter Erde, die sie uns mit jeder Wolke und jedem Hauch des Winds seit den Zeiten der Ahnen immer wieder neu erzählt."
Xokonoschtletl, Vertreter der mexikanischen Indianerbewegung

Nicht nur im Traum ist es mitunter erforderlich, Erde zu essen. Auch im täglichen Leben kann das Einnehmen von Heilerde bisweilen vonnöten sein, zum Beispiel wenn Sie

- zuviel oder zu fetthaltig gegessen haben (Völlegefühl),
- Sodbrennen haben oder es Ihnen sauer aufstößt (Übersäuerung),
- von Darmblähungen gequält werden (Meteorismus),
- nicht mehr vom Klo herunterkommen (Durchfall), oder umgekehrt,
- nicht aufs Klo können (Verstopfung),
- einen nervösen und unruhigen Magen haben (Reizmagen),
- zuviel Alkohol getrunken haben,
- unter Mundgeruch leiden, und dergleichen mehr.

Schon Hippokrates empfahl den Verzehr von Heilerden bei Magen-Darm-Beschwerden. Die innerliche Einnahme von Heilerde geht an die Wurzel, an die Ursache des Geschehens. Erst durch die Verdauung im Magen werden die lebenswichtigen Spurenelemente und Mineralien, die bis auf Jod alle in Heilerde enthalten sind, für den Körper verwertbar. Andererseits bindet Heilerde Gifte, Fette, Bakterien, Fermente (Gärstoffe) und Fremdstoffe, die dann ausgeschieden werden. Heilerde eignet sich auch gut zum Heilfasten, da sie das Hungergefühl unterdrückt. Gesundheitsberaterin Heide Maria Hahn empfiehlt in „ABC der Heilerde" von Monika Mayer „während der ganzen Fastenzeit den täglichen Einlauf mit Heilerde und das Trinken von in Wasser aufgelöster Heilerde".

Für die innere Einnahme eignet sich fein gemahlenes Heilerde-Pulver, zum Beispiel Luvos Ultra, das in viel Flüssigkeit, am besten in Wasser, aufgelöst und getrunken wird. Die wasserlöslichen Mineralien in der Heilerde können dadurch vom Körper besser aufgenommen werden. Bei Mund-, Hals- und Rachenbeschwerden speichelt man das Pulver zuerst ein, das heißt, man läßt es langsam im Mund zergehen, schluckt es und trinkt dann etwas Flüssigkeit nach. Bei einer Hals- oder Mandelentzündung sollte man mit Heilerde-Wasser gurgeln und einen in Heilerde-Wasser getränkten Wickel über Nacht um den Hals legen.

Die Dosierung und Häufigkeit der Einnahme von Heilerde hängt von der Art und Schwere der Erkrankung ab. Bernd Milenkovics, Präsident des Österreichischen Kneippbundes empfiehlt: „Bei der innerlichen Anwendung beträgt die gewöhnliche Dosis einen Kaffeelöffel auf ein Glas Wasser, wobei Sie am besten die Flüssigkeit am Vortag vorbereiten und über Nacht stehenlassen. Am nächsten Morgen wird kurz umgerührt und getrunken. Wenn Sie Heilerde zu Ihren Medikamenten einnehmen, dann sollten Sie dies nicht gleichzeitig tun, sondern dazwischen immer einen Abstand von ca. 2 Stunden halten, da die Heilerde die Wirkstoffe der Medikamente aufnehmen kann und so eine geringere Wirkung Ihrer Arznei zu erwarten ist. Beachten Sie auch, daß zur innerlichen Anwendung nur Heilerden mit max. 10 % Aluminiumoxid sinnvoll sind." Nachtrag: Bei Zeitmangel können Sie die in Wasser gelöste Heilerde auch gleich trinken. Wenn Sie unter Verstopfung leiden, beginnen Sie sanft und trinken Sie nur den Überstand im Wasserglas.

„Der Mensch besteht aus Wasser und Erde. Die Erde ist mit ihren sieben Kräften im Fleisch und in den Knochen des Menschen enthalten. Durch sie ist das Fleisch feucht und wächst. Das Fleisch des Menschen kommt von der Erde."
Hildegard von Bingen

Wurzelgemüse stärkt Gehirn und Nerven

(Heil-)Erde zu essen oder zu trinken ist gewöhnungsbedürftig und nicht jedermanns Sache. So gesund es auch sein mag, es schmeckt nun mal erdig, sandig oder tonig. Für alle, deren Gaumen lieber mit gewohnter Kost vorliebnimmt, hier eine Alternative: Sie können sich die Energien der Erde auch mit Wurzelgemüse, dessen eßbare Teile in der Erde reifen, einverleiben. Hierzu gehören zum Beispiel Sellerie, Kartoffel, Pastinake, Möhre, Kohlrabi, Rote Bete, Rettich, Meerrettich, Schwarz- und Petersilienwurzel, diverse Rüben, Radieschen, Zwiebel und Knoblauch. Die Wurzeln sind nährstoffreicher als die Blätter der Pflanzen, da sie deren unterirdische Reservespeicher sind und insbesondere Mineralsalze, Spurenelemente und Ballaststoffe enthalten. Die Mineralstoffe im Wurzelgemüse sind wichtig für Kopf, Gehirn, Nerven, Sinne und Knochen.

Mit Wurzelgemüse können Sie sich die Energien der Erde einverleiben.

Bei Rudolf Steiner (1861-1925), dem Begründer der Anthroposophie, heißt es: „Nur salzreiche Stoffe sind fähig, in den Kopf zu dringen. Salzreiche, wurzelhafte Stoffe machen den Menschen durch den Kopf stark." Mineralsalze im Wurzelgemüse regen aber nicht nur das Gehirn an, sondern helfen laut Steiner auch bei nicht migräneartigen Kopfschmerzen. Steiner vergleicht den Menschen mit einer umgekehrten Pflanze, die Wurzel der Pflanze sei mit dem Kopf des Menschen verwandt. Von allen Wurzelgemüsesorten hebt Steiner besonders die Möhre hervor, die den Kopf am besten versorge und auch für Kinder ein besonders wichtiges Nahrungsmittel sei.

Ernährungsphysiologisch sind Möhren äußerst gesund. Sie enthalten wertvolles Beta-Carotin (ß-Carotin oder Provitamin A), das für gute Sehkraft, leuchtende Augen und schöne Haut wichtig ist. Um das Beta-Carotin in Möhren freizusetzen, sollte man diese gut zerkleinern, raspeln oder pürieren. Ein Tip: Geben Sie dem Gemüse, Salat oder Saft aus Möhren etwas Fett in Form von Pflanzenöl, Butter oder Margarine hinzu, weil Provitamin A fettlöslich ist. Am besten dünsten Sie das Gemüse, um die Vitamine zu schonen, und verzehren es bald.

Zurück zu den Wurzeln durch Erdung

„Solange die Kinder noch klein sind, gib ihnen tiefe Wurzeln. Wenn sie älter geworden sind, gib ihnen Flügel."
Indisches Sprichwort

Ich zähle mich eher zu den bodenständigen Zeitgenossinnen mit tiefen Wurzeln, die mir vor allem meine Eltern durch ihre Erziehung gegeben haben. Dennoch gibt es immer wieder Situationen, zum Beispiel vor einer Prüfung oder einem Rendezvous, in denen ich den Boden unter den Füßen verliere und nicht mehr geerdet bin. Auch bringt es mein Beruf mit sich, daß ich überwiegend geistig-intellektuell arbeite und mich oft mehr im Kopf als im Bauch verankert fühle.

Vielleicht ergeht es Ihnen ja ähnlich. Vielleicht sind Sie schon ein Kind des digitalen Informationszeitalters und verbringen viel Zeit mit Surfen im Internet. Vielleicht erliegen Sie oft der Faszination dieser virtuellen, künstlichen Welten und verspüren gelegentlich das Gefühl, daß Sie den Kontakt zur realen Welt, zur Erde und/oder zum Körper(lichen) verlieren. In allen diesen Fällen können Sie sich bewußt erden, indem Sie wieder sinnliche Verbindung mit der Erde, dem Erdkörper und Ihrem eigenen Körper aufnehmen. Beim Erden geht es darum, das innere Körpergleichgewicht (wieder-)zufinden,

Töpfern fördert den Tastsinn in ganz besonderem Maß.

den Körper bewußt wahrzunehmen, ihn zu spüren. Setzen Sie dazu alle Ihre Sinne ein, und fördern Sie

• den Geschmacks- und Geruchssinn durch eine Ernährung mit Wurzelgemüse (siehe Seite 111 f.);

• den Hörsinn durch Meditation mit dem Erdenton (siehe Seite 115 f.);

• den Sehsinn durch bewußtes Wahrnehmen der Schönheiten in der Natur (eine herrliche Blume, einen starken Baum mit tiefen Wurzeln, ein ruhig dahinfließendes Wasser oder ein emsiges Tierchen bei der Arbeit);

• den Tastsinn durch Töpfern mit Ton, Lehm und Erde oder durch Liegen auf dem Erdboden oder einer Wiese; geben Sie sich und Ihren Körper ganz der Erdanziehungskraft hin, und werden Sie eins mit dem Erdkörper;

• den kinästhetischen Bewegungssinn durch Gehen, Walking, Laufen, (Berg-)Wandern oder Stampfen; spüren Sie dabei bewußt die Schwerkraft, vertrauen Sie sich ihr an und spielen Sie mit ihr wie ein Seiltänzer;

• den sechsten Sinn durch Aufsuchen von Orten – drinnen oder noch besser draußen –, an denen Sie sich wohl fühlen, die Ihnen neue Kraft geben. Nehmen Sie die positive Energie Ihres Kraftplatzes auf. Atmen Sie dort mit der Erde, stimmen Sie sich auf ihren Rhythmus ein. Lauschen Sie Bäumen, Steinen, Wasser etc. Verbinden Sie sich mit der Seele der Erde.

Experimentieren Sie mit allen Ihren Sinnen, und entdecken Sie andere Dimensionen der Wahrnehmung. Finden Sie selbst heraus, ob Sie Ihren Geist und Körper in einer Situation eher durch Aktivität oder Ruhe am wirkungsvollsten erden.

Körperübungen zum Sicherden

„Schwerkraft ist die Wurzel aller Anmut."
Laotse

Wenn ich als Kind etwas nicht bekam, stampfte ich in aller Öffentlichkeit vor lauter Wut und Jähzorn wie Rumpelstilzchen auf den Boden. Manchmal tue ich das in aller Privatheit auch heute noch. Und das ist gut so, denn dadurch gehe ich nicht gleich in die Luft und brauche auch keine Zigarette, wie die Werbung einem weismachen will, sondern reagiere mich intuitiv auf ganz natürliche Art ab. Ich stampfe meine Wut in den Erdboden und erde mich dadurch wieder. Danke, liebe Erde, daß du das von Zeit zu Zeit geduldig erträgst und meine schlechten Energien klaglos schluckst. Komme ich aus der Balance, kann es mir aber nicht erlauben, ungezügelt loszustampfen oder loszulaufen, stelle ich mir vor, ich sei eine Pflanze oder ein Baum, deren/dessen Wurzeln nach unten tief ins Erdreich wachsen und deren/dessen Kopf nach oben zum Licht strebt. Das beruhigt in der Regel Gemüt und Nerven.

Heribert Bönig, Psychotherapeut in München, empfiehlt außerdem zum Sicherden folgende Erdungsübungen, die Sie in lockerer, bequemer Kleidung, am besten ohne Schuhe und Strümpfe, ausführen:

1. Das Selbst stärken oder die Urenergie zu- und herauslassen

Die Füße sind parallel und stehen schulterbreit, die Knie sind ganz leicht angewinkelt, das Becken ist leicht nach vorne gekippt. Die Arme hängen seitlich etwas angewinkelt, die Hände sind zu Fäusten geballt oder nur so weit offen, als wollten sie eine Kugel umfassen. Die Handflächen schauen nach vorne. Der Blick ist geradeaus gerichtet.

Der Atem wird mit einem deutlich hörbaren, kraftvoll-kurzem „HU" durch Anspannen des Zwerchfells ausgestoßen. Dabei gehen Becken und Arme gleichzeitig kraftvoll wie zu einem Stoß gemeinsam nach vorne. Nach einiger Zeit kann der „HU"-Ton zu „HO" und dann zu „HAA" wechseln, wobei der Atem ruhiger und die Bewegungen weicher und fließender werden.

Diese Übung kann man auch gut zu zweit machen: Beide Personen stehen sich gegenüber, haben Augenkontakt und stimmen sich zunächst in Stille aufeinander ein. Dann beginnen sie langsam – wie oben beschrieben – und werden immer kraftvoller. Dabei unbedingt den Augenkontakt halten.

2. Stampfen

Wenn möglich, lassen Sie laute afrikanische oder asiatische Trommelmusik, zum Beispiel die von Kodo, im Hintergrund laufen. Bringen Sie die Energie der Trommelmusik durch kraftvolles Stampfen mit den Füßen in den Boden. Nehmen Sie dabei den ganzen Körper mit. Wichtig ist, die Musik als Katalysator für alle aufkommenden Gedanken und Gefühle zu verwenden.

3. Himmel und Erde miteinander verbinden

Für diese eher statische Übung eignet sich idealerweise meditative Musik. Die Füße sind parallel und stehen schulterbreit, die Knie sind leicht angewinkelt, das Becken ist leicht nach vorne gekippt. Die Arme sind nach oben über dem Kopf ausgestreckt, die Handinnenseiten schauen zum Himmel. Atmen Sie ruhig und tief. Nach kurzer Zeit setzt ein Zittern ein, atmen Sie weiter, die Arme bleiben weiterhin oben. Lassen Sie das Zittern stärker werden, bis es den ganzen Körper ergreift. Nehmen Sie wahr, wie sich die Intensität des Zitterns verändert, mal stärker und mal schwächer wird. Bleiben Sie je nach Belieben mehrere Minuten in dieser Übung, geben Sie eventuell die Energie durch Stampfen oder leichtes Hüpfen in den Boden ab. Legen Sie sich nach dieser Übung still und entspannt hin, und spüren Sie dem inneren Pulsieren nach.

„Wer das Geheimnis der Töne kennt, kennt das Mysterium des ganzen Weltalls."
Hazrat Inayat Khan (1882-1927), indischer Sufi-Meister und Musiker

Klangmassage mit dem Erdenton

Die erdende Wirkung können Sie in liegender Position noch verstärken, wenn Sie eine Klangschale, die auf den Erdenton G (das ist der Tageston) schwingt, auf Bauch, Brust oder Beine legen. Frank Plate erklärt, wie Sie die Klangmassage mit dem Erdenton selbst ausführen:

Klangmassagen mit dem Erdenton G haben erdende Wirkung.

Schlagen Sie die Klangschale mit einem Holz- oder Filzklöppel regelmäßig an. Schließen Sie dabei am besten die Augen und spüren Sie, wie Ihr Körper von den feinen Frequenzen berührt wird. Der erdende Ton vibriert lange fühlbar nach und erzeugt ein angenehmes, beruhigendes Gefühl. Der Erdenton hat die Eigenschaft, uns aus der Kopflastigkeit herauszuholen und unsere Energie nach unten, in die Erde, zu ziehen. Er öffnet für den Raum, die Natur und die tragende Weite von Mutter Erde.

Auf der körperlichen Ebene spricht der Erdenton den gesamten Bereich von den Fußsohlen bis zum Steißbein an und hilft, Blockaden und Verspannungen an diesen Stellen aufzulösen. Die Energie in der Becken-, Bein- und Fußregion kann wieder frei fließen und uns helfen, mit beiden Beinen im Leben, auf der Erde zu stehen und diese auch zu fühlen. Dadurch entsteht ein Gefühl von entspannender Gelassenheit, die als Müdigkeit empfunden wird, wenn wir uns dagegen wehren und an unserer Anspannung festhalten. Sind wir bereit, die Erdenergie zuzulassen, wirkt sie sehr kraftvoll und aufbauend. Diese Klangmassage können Sie nach Belieben 5 bis 20 Minuten lang machen. Wichtig ist nur, daß die Aufmerksamkeit bei der Übung bleibt (Kontaktadresse siehe Seite 126).

„Ich kenne keine wirkungsvollere Methode, sich zu erden, als die bewußte Wahrnehmung des Erdentons."
Joachim-Ernst Berendt, Musikschriftsteller

Der persönliche Tip: Laufen erdet!

Unser Leben spielt sich zwischen Aktivität und Ruhe, Anspannung und Entspannung, Ein- und Ausatmen, Yin und Yang ab. Die Kunst besteht darin, die Balance zwischen den beiden Polen zu erreichen, die eigene Mitte zu finden, sich zu erden. Die Wege dorthin sind individuell sehr unterschiedlich. Mein Weg ist sehr mit der Erde verbunden. Wichtig ist mir die Bewegung, das regelmäßige Dauerlaufen, nicht im Fitneßstudio auf dem Laufband, sondern in der freien Natur, am liebsten im Luitpoldpark oder im Englischen Garten in München, bei Wind und Wetter, sommers wie winters. Die Lust zu laufen überfällt mich oft ganz spontan. Manchmal habe ich aber auch gar keine Lust, so daß ich mich selbst regelrecht bezirzen und mit einer Belohnung locken muß.

„Im Atemholen sind zweierlei Gnaden:
Die Luft einziehen, sich ihrer entladen.
Jenes bedrängt, dieses erfrischt:
So wunderbar ist das Leben gemischt.
Du danke Gott, wenn Er dich presst,
Und danke Ihm, wenn Er dich wieder entlässt!"
Johann Wolfgang von Goethe

Habe ich mich schließlich überwunden zu laufen, spüre ich meine Beine, die zuerst noch bleiern fallen, aber mit jedem Meter leichter auf dem Erdboden aufsetzen. Mein anfangs wild pochendes Herz beruhigt sich mit jedem Schritt und schlägt spätestens nach fünf bis zehn Minuten in gleichmäßigem Rhythmus. Mein Atem strömt durch die Nase ein und durch den Mund wieder aus. Ich merke, wie ich schwitze und jede Pore meines Körpers den Schweiß nach außen läßt, wie Lippen und Haut nach Salz schmecken. Ängste und Sorgen, Frust und Ärger verflüchtigen sich, neue Ideen machen sich in meinen Hirnwindungen breit.

Gleichzeitig nehme ich mit allen Sinnen meine Umgebung wahr und in mich auf. Es riecht nach Frühling. Farbe kehrt wieder in die Natur zurück. Alles zeigt sich von einer frischen Seite, und ich bin Teil dieses natürlichen Kreislaufs. Das Leben ist in ständiger Bewegung, im Werden und Vergehen. Das mir wohlvertraute Glücksgefühl stellt sich wieder ein: Ich bewege mich im Einklang mit der lebenden Erde, atme mit ihr in einem dynamisch-harmonischen Gleichgewicht. Ich fühle mich lebendiger, befreiter,

Beim Joggen in der freien Natur nehmen wir die Energien mit der lebenden Erde über die Füße auf.

motivierter, ausgeglichener und zufriedener. Wieder zu Hause betrachte ich mit Genugtuung mein gerötetes, verschwitztes Gesicht und trinke genüßlich ein großes Glas Wasser oder Apfelschorle.

Jogging hält fit und ist gesund: Durch regelmäßiges Ausdauerlaufen an der frischen Luft tankt der Körper bis zu 25 % mehr Sauerstoff. Gesicht, Körper und Gehirn werden besser damit versorgt und stärker durchblutet, der Teint frischt sich auf und wird rosiger. Alle Stoffwechselprozesse werden angekurbelt. Die Verdauung wird angeregt, ebenso der Appetit. Das Bindegewebe an Po und Oberschenkeln wird straffer. Kleine Fettpölsterchen werden sanft abgebaut.

Van Aaken, der engagierte Vater des langsamen Dauerlaufs in Deutschland, hielt Frauen wegen ihrer körperlichen Konstitution für Ausdauersportarten besonders geeignet. Regelmäßiges Laufen kann sogar Beschwerden während der Menstruation und in den Wechseljahren lindern. Auch bei Kopfschmerzen, Krampfadern und Anfälligkeit für Infektionskrankheiten kann Dauerlauf wirkungsvoll helfen. Läuferinnen entwickeln ein besseres Körpergefühl und fühlen sich selbstbewußter. Also probieren Sie es einfach mal selbst aus!

Sollte Ihnen Jogging gar nicht liegen oder Ihnen Ihr Arzt aus gesundheitlichen Gründen davon abgeraten haben, so können Sie statt dessen auch eine andere dynamische Ausdauersportart betreiben wie Walking (zügiges Gehen), Radfahren, Schwimmen oder Skilanglauf. Wichtig ist nur, daß Sie eine Sportart regelmäßig, das heißt zwei- bis dreimal pro Woche etwa 20 bis 30 Minuten, ohne allzu große Anstrengung durchführen. Sport soll nicht aus falschem Ehrgeiz betrieben (übertrieben) werden, sondern Freude bereiten.

Gaia, Mutter Erde, lieben und verstehen lernen

„Du wirst mehr in den Wäldern finden als in den Büchern. Die Bäume und Steine werden dich Dinge lehren, die dir kein Mensch sagen wird."
Bernhard von Clairvaux

Gaia, Mutter Erde, hat unendlich viele Gesichter und kennt unzählige Geschichten. Einige ihrer Gesichter habe ich Ihnen in diesem Buch gezeigt, einige Geschichten über sie erzählt. Doch die tiefgreifendsten und bewegendsten können nur Sie selbst entdecken, wenn Sie der Natur, ihren großen und kleinen, sichtbaren und unsichtbaren Geschöpfen lauschen, ihnen zuschauen, mit ihnen reden, sie respektieren, verstehen und lieben lernen.

„Man sieht nur mit dem Herzen gut, das Wesentliche ist für die Augen unsichtbar", sagt der Fuchs zum kleinen Prinzen im Weltraummärchen „Der kleine Prinz" von Antoine de Saint-Exupéry. Gehen wir also mit offenen Augen und offenem Herzen durch die Natur, denn das wahre, geistige Wesen der Erde offenbart sich nur dem, der sich ihr öffnet und sich ihr mit den inneren Augen der Liebe und des Verständnisses nähert.

Wichtig ist bei alledem, welches Weltbild und Selbstverständnis wir haben: Erst wenn wir beginnen, uns als Teil der lebenden Erde zu fühlen, können wir uns für eine menschliche und friedliche Umwelt einsetzen. Nur wenn wir Gaia mit derselben Wertschätzung behandeln wie unseren eigenen Körper, haben wir noch eine Überlebenschance.

Im Klartext heißt das: Wir müssen uns ethisch verantwortungsbewußt gegenüber allen Geschöpfen verhalten – uns selbst, unseren Kindern und Gaia zuliebe! Ehrfurcht vor dem Leben, wie Albert Schweitzer sie praktisch vorlebte, bezieht sich nicht nur auf menschliches, tierisches und pflanzliches Leben, sondern auch auf die unbelebte Natur mit ihren Lebenselementen (Wasser, Boden, Luft) und ihren funktionalen Kreisläufen als Lebensraum. Der Fuchs erinnert den kleinen Prinzen daran, daß die Menschen diese Wahrheit vergessen haben: „Du bist zeitlebens für das verantwortlich, was du dir vertraut gemacht hast. Du bist für deine Rose verantwortlich."

Ich habe mir Mutter Erde, die mich trägt, nährt und mir ihre Schönheiten zeigt, wieder vertraut gemacht und fühle mich verantwortlich für sie. Ich begegne ihr respektvoll, so wie ich schon als Kind meinem Vater neugierig und ehrfurchtsvoll zusah, wenn er, der Steinmetz, auf dem Friedhof seine Grabsteine in das Erdreich setzte – dort, wohin unser Körper eines Tages zurückkehrt.

Gaia, die Erdgöttin der griechischen Mythologie, lebt auch heute noch. Laut- und klaglos, bisweilen seufzend und stöhnend, erträgt sie die tiefen ökologischen Wunden, die der Mensch ihr schon zugefügt hat. Wie lange noch? Gaia leidet geduldig wie eine Mutter, die ihre unartigen Kinder liebt und ihnen verzeiht, auch wenn sie ihr weh getan haben. Versöhnen wir uns mit ihr, respektieren wir sie mit unserem ganzen Bewußtsein und behandeln wir sie wie einen lebenden empfindsamen Organismus. Denn wir haben nur diese eine Erde, die so wunderschön und einzigartig ist wie keine zweite mehr.

„Indem wir uns ethisch gegenüber allen Geschöpfen verhalten, erfahren wir unsere spirituelle Beziehung zum ganzen Universum."
Albert Schweitzer

Das wahre Wesen der Erde offenbart sich nur dem, der sich als Teil der lebenden Erde und der Natur fühlt.

Alt, Franz: Wir brauchen einen ökologischen Marschallplan. In: natur 3/1994. Natur media gmbh, München

Amery, Carl: Die Botschaft des Jahrtausends. Von Leben, Tod und Würde. List Verlag, München 1994

Anders, Günther: Der Blick vom Mond. Reflexionen über Weltraumflüge. Verlag C. H. Beck, München 1994

Anderson, Michael: Die Behandlung mit Heilerden. Geschichte, Anwendung und Therapiehinweise. In: Naturheilpraxis mit Naturmedizin, Sonderdruck, Nr. 11. Pflaum Verlag, München 1992

Asimov, Isaac: Die Wunder des Kosmos und der Erde. Droemersche Verlagsanstalt, München 1994

Bosselmann, Klaus: Im Namen der Natur. Der Weg zum ökologischen Rechtsstaat. Scherz Verlag, München 1992

Brown, Bruce/Lane, Morgan: Wunderbarer Planet. vgs verlagsgesellschaft, Köln 1995

Cotterell, Arthur: Die Welt der Mythen und Legenden. Droemersche Verlagsanstalt, München 1990

Derlon, Pierre: Die geheime Heilkunst der Zigeuner. Goldmann Verlag, München 1978

Derolez, R. L. M.: Götter und Mythen der Germanen. Benziger Verlag, Düsseldorf/Zürich 1963

Dextreit, Raymond: Heilung durch Tonerde. In: Handbuch der Naturheilkunde. Hg. von der Zeitschrift „Harmonisches Leben", Paris 1967

Ehmer, Manfred Kurt: Göttin Erde. Kult und Mythos der Mutter Erde. Ein Beitrag zur Ökosophie der Zukunft. Verlag Clemens Zerling, Berlin 1994

Eldredge, Niles: Wendezeiten des Lebens. Katastrophen in Erdgeschichte und Evolution. Spektrum Akademischer Verlag, Heidelberg/Berlin/Oxford 1994

Friebel, Gisela/Hoffmann, Klaus: Heilen ist einfach. Vier Flamingos Verlag, Rheine 1994

Gottwald, Franz Theo/Klepsch Andrea (Hg.): Tiefenökologie. Wie wir in Zukunft leben wollen. Eugen Diederichs Verlag, München 1995

Heydecker, Joe J.: Die Schwestern der Venus. Die Frau in den Mythen und Religionen. Wilhelm Heyne Verlag, München 1994

Keppler, Erhard: Die Luft, in der wir leben. Physik der Atmosphäre. Piper Verlag, München 1988

Krumbein, Wolfgang E./Levit, George: Die Erde – ein Lebewesen. In: Einblicke. Forschungsmagazin der Carl von Ossietzky Universität Oldenburg, Nr. 25/April 1997. Hg.: Der Präsident der Carl von Ossietzky Universität Oldenburg

Kurth, Hanns: Rezepte berühmter Ärzte aus 5000 Jahren. Ariston Verlag, Genf 1974

La Chapelle, Dolores: Weisheit der Erde. Eine spirituelle Ökologie. Verlag Neue Erde, Saarbrücken 1990

Leopold, Aldo: Am Anfang war die Erde. Plädoyer zur Umwelt-Ethik. Knesebeck Verlag, München 1992

Löbsack, Theo: Diese Handvoll Erde. Entstehung, Funktion und Zerstörung des Bodens. Deutscher Taschenbuch Verlag, München 1986

Lovelock, James: Gaia. Die Erde ist ein Lebewesen. Anatomie und Physiologie des Organismus Erde. Wilhelm Heyne Verlag, München 1991

Lovelock, James: Das Gaia-Prinzip. Die Biographie unseres Planeten. Artemis & Winkler Verlag, Zürich und München 1991

Lurker, Manfred: Symbol, Mythos und Legende in der Kunst. Verlag Valentin Koerner, Baden-Baden 1984

Macy, Joanna: Die Wiederentdeckung der sinnlichen Erde. Wege zum ökologischen Selbst. Theseus Verlag, Zürich/München 1994

Mayer, Monika: ABC der Heilerde. Heilanwendungen. Verlag Peter Erd, München 1998

Merz, Blanche: Die Seele des Ortes. Naturwesen einer unbekannten Zwischenwelt. Herold Verlag Dr. Wetzel, München 1997

mensch + umwelt: Böden – verletzliches Fundament. GSF-Forschungszentrum für Umwelt und Gesundheit, Neuherberg bei München, 11. Ausgabe 1997

Milenkovics, Bernd: Heilerde – innen und außen wirksam. In: Kneipp Zeitschrift. Das österreichische Gesundheitsmagazin, 7-8/1998. Hg.: Österreichischer Kneippbund

Nöcker, Rose-Marie: Heilerde. Gesundwerden aus der Kraft der Natur. Wilhelm Heyne Verlag, München 1997

Olesch, Bernd: Richtige Anwendung von Heilerde. In: Zeitschrift für Allgemeinmedizin, Sonderdruck, Heft 5-6, 20. März 1997. Hippokrates Verlag Stuttgart

Omphalius, Ruth: Planet des Lebens. vgs verlagsgesellschaft, Köln 1996

Parker, Derek und Julia: Die Unsterblichen. Die geheimnisvolle Welt der Götter, Geister und Dämonen. Schuler Verlag, München 1977

Paturi, Felix R.: Die Chronik der Erde. Chronik Verlag, Dortmund 1991

Radford Ruether, Rosemary: Gaia & Gott. Eine ökofeministische Theologie der Heilung der Erde. Edition Exodus, Luzern/Schweiz 1994

Sahtouris, Elisabet: Gaia. Vergangenheit und Zukunft der Erde. Insel Verlag, Frankfurt am Main und Leipzig 1993

Steiner, Rudolf: Naturgrundlagen der Ernährung, Band 6. Hg.: Kurt Th. Willmann. Verlag Freies Geistesleben, Stuttgart 1981

Tompkins, Peter/ Bird, Christopher: Die Geheimnisse der guten Erde. Omega Verlag, Düsseldorf 1998

Weizsäcker, Ernst Ulrich von: Erdpolitik. Ökologische Realpolitik an der Schwelle zum Jahrhundert der Umwelt. Wissenschaftliche Buchgesellschaft, Darmstadt 1992

Whitefield, Patrick: Permakultur kurz & bündig. Schritte in eine ökologische Zukunft. Organischer Landbau Verlag Kurt Walter Lau, Xanten 1995

Sachregister

Personenregister

Interessenten für das Permakulturprojekt wenden sich

in Norddeutschland an:
Matthias Langwasser
Lebensgarten
31595 Steyerberg
Tel.: 05764-1752
Fax: 05764-2578

in Süddeutschland an:
Peter Birkett
Hermannsdorf 11
85625 Glonn
Tel.: 08093-3122
Fax: 08093-3137
eMail: peter.birkett
@t-online.de

Informationsmaterial über Permakultur erhalten Sie beim

Permakultur Institut e.V.
Informationsbüro
Heide Micah
Witzfeld 21
40667 Meerbusch
Tel.: 02132-70032
eMail: Heide.Micah
@t-online.de

Das InfoPaket (InfoMappe und Einsteigerbuch „Permakultur kurz und bündig") gibt es dort für DM 20,-.

Organisationen zum Schutz der Tropenwälder und einheimischer Wälder

Oro Verde
Bodenstedtstraße 4
60594 Frankfurt
Tel.: 069-609195-0
Fax: 069-620979

Pro Regenwald
Frohschammerstraße 14
80807 München
Tel.: 089-3 59 86 50
Fax: 3 59 66 22

ProBaum
Alois-Gilg-Weg 7
81373 München
Tel.: 089-74 72 25 34
Fax: 089-74 72 25 11

Jährliche Publikationen „State of the world" („Zur Lage der Welt") erhalten Sie bei:

Worldwatch Institute
1776 Massachusetts Ave.
NW
Washington, DC 20036
Tel.: (202) 452-1999
Fax: (202) 296-7365
eMail: wwpub@world-
watch.org

Kontaktstellen für den Schutz der Böden durch eine internationale Bodenkonvention (Textfassung auf deutsch und englisch)

Evangelische Akademie
Tutzing
Dr. Martin Held
Schloßstraße 2-4
82327 Tutzing
Tel.: 08158-251-116(126)
Fax: 08158-251-133
eMail: eat06@er-akademie-
tutzing.de

Schweisfurth-Stiftung
Dr. Manuel Schneider
Südliches Schloßrondell 1
80638 München
Tel.: 089-171826
Fax: 089-171816
eMail: schweisfurth@
zukunft.de

Thermalstollenkur und Schnupper-Einfahrt in den Gasteiner Heilstollen bietet:

Gasteiner Heilstollen
A-5645 Böckstein/
Badgastein
Tel.: 0043-6434-3753
Fax: 0043-6434-3753-66

Über den Deutschen Speläotherapieverband erfahren Sie, welche Orte in Deutschland eine Höhlen- und Stollentherapie anbieten

Deutscher
Speläotherapieverband
Marktplatz 2
73430 Aalen
Tel.: 07361-52-2363
Fax: 07361-52-1907

„Body Forming" – Ganzkörper-Wickelung mit chinesischer Heilerde führt durch:

Gesundheitscenter
Revital am Dom
Danuta Klose
Mazaristraße 1
80331 München
Tel.: 089-22 28 13

Behandlungen mit Heilerde führt durch:

Carola Reuss
Heilpraktikerin
Klobensteiner Straße 11
81547 München
Tel.: 089-640526

Informationen über naturgemäße Heilweisen erhalten Sie bei folgenden Adressen:

Kneipp Bund e. V.
Bundesverband für
Gesundheitsförderung
Adolf-Scholz-Allee 6-8
Tel.: 08247-3002-0
Fax: 08247-3002-199

Kneipp-Verlag
Postfach 1451
86817 Bad Wörishofen
Tel.: 08247-3002-159
Fax: 08247-3002-164

Heilerde-Gesellschaft Luvos
Just GmbH & Co.
Postfach 47
61371 Friedrichsdorf
Tel.: 06175-9323-0
Fax: 06175-9323-20

Felke-Kurhaus Menschel
Sanatorium für
Naturheilverfahren
55566 Bad Sobernheim/
Meddersheim
Tel: 06751-85-0
Fax: 06751-5380

Schlamm aus dem Toten Meer („Black Mud") erhalten Sie in allen Spinnrad-Niederlassungen:

Spinnrad GmbH (Zentrale)
Am Bugapark 3
45899 Gelsenkirchen
Tel.: 0209-17000-0
Fax: 0209-17000-40

Informationen über die Klangmassage erhalten Sie bei:

ABATON VIBRA
Frank Plate
Haldenstraße 55
70794 Filderstadt
Tel.: 0711-701356
Fax: 0711-7078715

Auflösung des Rätsels von Seite 11:
Ödipus löste das Rätsel
der Sphinx:
Es ist der Mensch,
der als Säugling auf
allen vieren kriecht,
als Erwachsener auf
zwei Beinen und
als Greis mit einem
Stock geht.

Bildnachweis

Abaton Vibra, Filderstadt 116
Archiv für Kunst und Geschichte 4 (2), 14/15, 19, 21, 27, 29, 32, 37, 44, 66/Hios 31/Lessing 26, 33/
Werner Forman Archiv 17/
Bildarchiv Preussischer Kulturbesitz 30
Bilderberg/Francke 23
Ursel Borstell 78/79
Felke-Kurhaus Menschel, Bad Sobernheim 96
Veronika Flesch, Starnberg 49
Das Fotoarchiv/Schmid 77/Stark 68
Foto Wolkersdorfer, Bad Hofgastein 91
Meinolf Fritzen/ZDF 38
Ekkeland Götze, München 81
IFA-Bilderteam 5 (4), 52, 69, 117/Harris 80/Lecom 11/Maier 83/Nacivet 57/Noton 2,
119/Rose 90/Tschanz 85
Interfoto-Pressebild-Agentur 34, 43, 45/Karger-Decker 35
Jutta Keller, München 100, 104
Kneipp Bund e.V., Bad Wörishofen 5 (2), 94, 99
Heinz Martens, Hamburg 87
Reinhard-Tierfoto 88, 112
Revital, München 101
Beate Schubert, München 70
Florian Siegert, Baierbrunn 74
Tony Stone Bilderwelten 4 (3), 40/41, 48/Abramowitz 113/Braasch 61/Joan Brown 89/
Tim Brown 53/Busselle 4 (1), 6/7, 8/Frerck 4 (4), 54/55/Jacobs 72/Lewis 56/Resnick 5 (1), 60/
Stachan 16/Talbot 63/Thomas 12/
Superstock 5 (3), 108

Redaktionsleitung: Halina Heitz
Redaktion: Siegrid Kroeber, Annette Baldszuhn
Bildredaktion: Helga August
Buchgestaltung/DTP: Peter Pleischl
Umschlaggestaltung: Design Team München
Reproduktionen: Artilitho, Trento
Druck und Bindung: Alcione, Trento
Printed in Italy
ISBN 3-576-11272-3